「旧説vs.新説」
幕末維新43人

安田清人 執筆　町田明広 監修

MdN新書

031

はじめに

今から十五年前、中村武生さん主催の「幕末史実会」なる研究会にお誘いを受け出席した。初めて知遇を得た中に、歴史作家の桐野作人さん、龍馬研究家の知野文哉さん、そして本書の筆者である安田清人さんがおられた。それ以来、サラリーマンから歴史家に転身しようとしていた私をサポートいただき、神田外語大学に就職後も様々な機会を与えてくださったのは、何を隠そう、この時に邂逅《かいこう》した安田さんである。安田さんは歴史家町田明広の生みの親、育ての親と申し上げても過言ではない。その安田さん執筆の本書の監修を務めたこと、いささかながら、ようやく恩返しができたのではないかと安堵している。

安田さんは史学科をご卒業後、歴史と言えばの老舗《しにせ》出版社、新人物往来社に就職され、その後、独立されて歴史プロダクション三猿舎を立ち上げられた。安田さんは歴史学の素養を持ち合わせた上で、多くの歴史家と付き合われ、最新の研究成果を数多《あまた》吸収してこられた。そこに、非凡なる文才が重なり、これまでも数多くの執筆を手がけられ、『時代劇の「嘘」と「演出」』も上梓《じょうし》されている。つまり、本書を執筆される必然性が存在しているのだ。

本書で扱われる幕末維新期は、このところ実証的研究が飛躍的に進んでおり、多くの新説が登場している。斯《か》く言う私も、『新説 坂本龍馬』を上梓させていただいたが、語り尽くされたと思われがちな龍馬ですら、新説があり得ることを証明できたのではと自負している。

たとえば、亀山社中《かめやましゃちゅう》は存在しておらず、龍馬は薩摩《さつま》藩士として活躍し、薩長同盟では締結時に西郷隆盛《さいごうたかもり》と木戸孝允《きどたかよし》を仲介した事実はなく、薩摩藩士として長州藩に対する証人にすぎなかったことを論じた。そもそも、薩長同盟は軍事同盟ではなく、薩摩藩が長州藩の復権に加担するといった程度の約束であり、薩摩藩の主席家老の小松帯刀《こまつたてわき》と木戸による「小松・木戸覚書」と称することが妥当《だとう》とした。なお、龍馬の新たな功績として、薩土盟約を挙げており、龍馬は土佐藩から脱藩を赦免《しゃめん》された以降も暗殺されるまで、薩摩藩とともにあったと指摘した。

本書は、こうした新説を凝縮した一冊である。幕末維新期の四十三人を幅広く多様な勢力から厳選し、最近の実証研究で大幅に書き換えられつつある、真の姿を浮き彫りにしてくれる良書である。多くの方に、お読みいただくことを期待してやまない。
それでは、新しい幕末人物伝を一緒にひもときましょう。

町田明広

#「旧説vs.新説」幕末維新43人——目次

第一章「旧説vs.新説」徳川幕府方の人物評

第二章「旧説vs.新説」維新政府方の人物評

編集協力：三猿舎
本文校正：石井三夫

第一章

「旧説vs.新説」徳川幕府方の人物評

〈一〉徳川慶喜（1837〜1913）最後の将軍は何に敗れたのか

【旧説】最後の将軍であり、徳川の屋台骨を背負う存在

【新説】朝廷第一主義であり、徳川家ではよそものだった

最後の将軍はアンチ・ヒーロー？

第十五代将軍にして、徳川幕府「最後の将軍」である徳川慶喜《とくがわよしのぶ》は、何しろ評判のよろしくない英雄だ。かなりの秀才であったのは間違いない。しかし、結果として徳川幕府を滅亡させたのは事実。

さらに、鳥羽《とば》・伏見《ふしみ》の戦いで旧幕府軍が敗れると、慶喜は全軍を置き去りにして江戸へ逃げ帰ってしまった。敵前逃亡をする大将を支持する人はまず、いない。あえて内戦を避け、外国からの侵略を防いだ。慶喜の深慮遠謀にほかならない。——そう主張する人もいるが、それを証明する客観的な記録や証言は見あたらない。いささか無理な弁護だろう。

将軍時代の徳川慶喜（『徳川慶喜公伝』国立国会図書館蔵）

鳥羽・伏見の戦いの三カ月前、慶喜は政権を朝廷に返還する大政奉還《たいせいほうかん》を実行した。以前はこの大政奉還を「政権を投げ出した愚行」ととらえる向きもあった。

しかし近年、慶喜が目指していたのは、幕府に代わる新たな政治体制を築き、自らその首班となることだったと考えられている。政権をいったん返上するのは、高度な政治戦略だったというわけだ。

確かに慶喜は、海外の事情にくわしい西周《にしあまね》を側に置き、海外の議会政治や政治制度、三権分立などのシステムについてよく学んでいた。目指していたのは近代的な中央集権国家で、それは坂本龍馬《さかもとりょうま》が作成した政治構想「新政府綱領八策」ときわめて似ている。明治政府が成し遂げた近代化の根本は、すでに徳川慶喜によって準備されていたともいえるのだ。

英明な将軍はどこでつまずいたのか

では、慶喜はどこでしくじったのか。薩摩《さつま》の大久保《おおくぼ》利通《としみち》や公家の岩倉具視《いわくらともみ》らは、王政復古クーデター（王政復古の大号令）を仕掛け、新国家の構想から最大の大名である徳川家＝慶喜を除外する陰謀をくわだてた。慶喜の思惑は外《はず》れた。しかし、旧幕府・徳川家には、圧倒的な軍事力と政治的な実績があるが、新政府にはまともな運転資金さえなかった。慶喜は、いずれ新政府が助けを求めてくると高をくくっていた。

鳥羽・伏見の戦いの折、新政府方は錦《にしき》の御旗《みはた》を掲げた。これによって旧幕府方は「朝敵」となり、戦意を喪失《そうしつ》。慶喜も朝敵となることを恐れて江戸に逃げ帰ったとされている。しかし、戦いに勝って天皇の身柄を押さえれば、昨日の朝敵は今日の官軍となる。勝てば官軍なのだ。

では、なぜ慶喜は戦いを放棄したのか。

慶喜は「徳川家の中心人物」「徳川家のために生きた人」というイメージがあるが、実は、これは事実ではない。慶喜は尊王攘夷《そんのうじょうい》思想の発祥地ともいわれる水戸《みと》藩の出身で、母親は有栖川宮《ありすがわのみや》家の出身。徳川家の分家である御三卿《ごさんきょう》の一橋《ひとつばし》家を継いで将軍後継候補となり、やがて将軍の座には就いたが、徳川宗家からすればあくまでも「よそ者」であり、慶喜本人も朝廷にシンパシーを抱いていた。

慶喜は将軍となる前、会津《あいづ》藩主松平容保《まつだいらかたもり》、桑名《くわな》藩主松平定敬《さだあき》と連携し、京都政局をリードしていた。彼らは一橋・会津・桑名の一字ずつをとって「一会桑政権《いっかいそう》（勢力）」と呼ばれ、老中などの幕閣と反目しつつ、孝明《こうめい》天皇の支持を背景に権力を維持していた。つまり、慶喜は確かに徳川家の人ではあるが、その権威や政治的正当性の源《みなもと》は、天皇や朝廷にあったのだ。機能不全に陥《おちい》った幕府をさっさと見限り大政奉還をしてしまったのも、そう考えれば納得がいく。

鳥羽・伏見の敗戦により、慶喜は大坂城に退いたが、実は孤立していた。少なくとも、旧幕府軍は慶喜にとって頼りになる味方の兵ではなかったのだ。味方は、「一会桑」の仲間だけ。だから大坂城から逃げるとき、松平容保と松平定敬を一緒に連れて帰ったのだろう。

慶喜は、徳川にして徳川にあらざる存在だった。

〈二〉天璋院篤姫（1835〜1883）　徳川家を救った江戸城最後の城主

【旧説】時期将軍選定の密命を受けるが、任務は失敗

【新説】江戸無血開城・徳川家存続の陰の功労者

政治的には敗北した篤姫

徳川歴代将軍の正室は、京都の公家から迎えられるのが通例だった。しかし、公家の女性は病弱・短命な人が多く、ほとんどが後継者である子どもをもうけることはできなかった。十二代将軍家慶《いえよし》の嫡男家定《いえさだ》も公家の女性を正室としたが、二人続いて若くして病死してしまい、今度こそということで、とうとう武家の女性を迎えることになる。白羽の矢が立ったのが、薩摩《さつま》藩主島津《しまづ》斉彬《なりあきら》の養女（親戚の娘）である篤姫《あつひめ》だった。

島津家と将軍家とのつながりは意外に深く、十一代将軍家斉《いえなり》も、斉彬の曽祖父である島津重豪《しげひで》の娘広大院《こうだいいん》を正室としていた。広大院は男子を一人もうけたが、将軍正室が男子を

産むのは、なんと二代将軍秀忠《ひでただ》の正室お江《ごう》以来の「慶事」だった。篤姫が将軍正室となったのは、広大院にあやかろうという幕府の思惑があったからだ。

ちなみに、この篤姫の輿《こし》入れの際、婚礼道具を集めるなどの裏方仕事をしたのが、島津斉彬の側近（御庭方《おにわがた》）だった西郷隆盛《さいごうたかもり》だ。

将軍の御台所《みだいどころ》となった篤姫だが、将軍家定は生来の病弱だったため、通説と異なり、篤姫が子を産むことは初めから期待されていなかったようだ。島津斉彬は、ペリー来航以来の国難を乗り切るためには、家定の次の将軍には英明の誉《ほま》れ高い一橋慶喜がなるべきだと考える「一橋派」と呼ばれる大名グループを形成していた。これに対し、のちに大老となる井伊直弼《いいなおすけ》ら「南紀派」の大名は、より血筋の近い紀州徳川家の慶福《よしとみ》（のちの家茂《いえもち》）を後継者に推《お》していた。

篤姫は、養父斉彬の意を受けて、将軍家定に「次期将軍は慶喜に」と吹き込み、さらに大奥の支持を取り付けることが期待されてい

鶴丸城跡に立つ天璋院篤姫像（鹿児島市）

たのだ。

しかし、ほどなく井伊直弼が大老に就任したことで、次期将軍は家茂に決まり、篤姫はいわば役割を失ってしまった。そして将軍家定の死後、十四代将軍となった家茂の正室には、朝廷と幕府の協調路線、すなわち「公武合体」を目指す思惑《おもわく》から、孝明天皇の妹である和宮《かずのみや》が選ばれた。天皇の娘（皇女）である和宮は、江戸城大奥に輿入《こしい》れしてからも御所風のふるまいを改めることなく、先代将軍の夫人として大奥の権力を握っていた篤姫（出家して天璋院《てんしょういん》）とことごとく対立したといわれている。

最後の江戸城主は誰か

その後、将軍家茂は若くして病死し、十五代将軍に一橋慶喜が就任。慶喜は、朝廷と結びついた薩摩や長州など倒幕派の追及を逃れるために大政奉還をして将軍位を返上。さらに鳥羽・伏見の戦いに敗れ、江戸に逃げ帰ることになる。以後、戦意を失った慶喜は新政府に恭順の姿勢を示したが、西郷ら新政府首脳は、禍根《かこん》を残さないよう徳川家を滅亡に追い込むつもりだった。

窮地に追い込まれた慶喜は、薩摩出身の篤姫と天皇家出身の和宮に、朝廷・新政府へのとりなしを依頼する。すでに「徳川家の女性」となっていた篤姫と和宮は、側近の女性を江戸に迫る新政府軍の指揮官の元に派遣し、慶喜の助命と徳川家の家名存続を嘆願した。かつての対立が嘘《うそ》のような連携プレーだ。その結果、官軍による江戸総攻撃は回避され、徳川家の家名存続も容認された。従来、江戸無血開城は幕臣代表の勝海舟《かつかいしゅう》と西郷隆盛との会談によって実現したとされてきたが、その地ならしをしたのは篤姫と和宮の決死の働きだった。

篤姫は旧幕臣たちに通達を出す。「軽挙せずに静謐《せいひつ》を保て」と。不心得者が新政府に反抗すると、これまでの努力が無駄になるというわけだ。江戸城最後の日、徳川家の危機管理を受け持つ事実上の江戸城の城主は、篤姫だったのだ。

〈三〉 井伊直弼（1815〜1860） 強権政治家が求めた幕府本来の姿とは？

【旧説】「安政の大獄」で反対派を弾圧した強権政治家

【新説】 実情を無視した大名や藩士を処罰した現実的な政治家

大弾圧をした悪徳政治家？

「安政《あんせい》の大獄《たいごく》」といえば、幕府による反体制派の大弾圧事件として語られてきた。長州の吉田《よしだ》松陰《しょういん》、越前《えちぜん》の橋本左内《はしもとさない》、小浜《おばま》藩の梅田《うめだ》雲浜《うんぴん》といった、尊王攘夷派の人物が処刑、あるいは獄中死を遂げ、国政への影響力を持っていた土佐《とさ》藩主の山内容堂《やまうちようどう》、水戸藩前藩主の徳川斉昭《なりあき》らが隠居・謹慎を命じられたのだから、「弾圧」であったのは間違いない。

弾圧を命じたのは、幕府の事実上のトップである大老井伊《いい》直弼《なおすけ》だ。開国派である直弼は、勅許《ちょっきょ》（天皇の許し）を得ずに日米修好通商条約に調印。これに反発した尊王攘夷派が直弼の追い落としと幕府への反逆をくわだてたので、直弼が先手を打って反対派を一掃《いっそう》した

――。安政の大獄についての一般的なイメージはこんなところだろう。

しかし、話はそう単純ではない。井伊直弼という人物は、幕府のあり方を、従来の姿に戻そうと心血を注いだ政治家だった。そもそも、幕府の政治にコミットするのは、江戸開府以前から徳川家の家臣である譜代の大名と、将軍直臣《じきしん》である旗本の役割だった。全国あまたの外様《とざま》大名は、形式的には将軍の家臣だが、その実態は独立領主、すなわち地域における「王」であった。国政にかかわることが禁止されていたのではなく、かかわるいわれがなかったのだ。

掃部山公園に立つ井伊直弼像（横浜市西区）

ところが、幕末における対外関係の危機に際し、「われらも日本人として政治にコミットしたい」という意欲的な大名が現れたため、なし崩《くず》し的に外様大名の実力者が幕政に口をはさむようになった。こうした状況をもとに戻し、幕府の権威をも回復しようというのが、直弼の政治目標だったのだ。

上書きされた歴史像

直弼は井伊家の十四男に生まれ、埋木舎《うもれぎのや》という屋敷で「飼い殺し」のような青年時代を送っていた。ところが、兄たちが若死にするなどの偶然が重なって藩主の座に就き、さらに運命のめぐり合わせで大老にまで上り詰めた。ある組織において、外部から移入した新参者が、かえって組織本来のあり方に固執するという原理主義的な傾向は現代でも見られる。直弼も同じだろう。

ちなみに、直弼が「開国派」だったというのは誤りだ。この時代、積極的に国を開き、外国と付き合いたいと願っていた人間は、少なくとも支配層の中にはほとんどいなかった。現在では平和主義やグローバリズムの権化《ごんげ》のように扱われている坂本龍馬でさえ、黒船に乗り込んで異人を斬り殺し、国のために尽くしたいと念願していたのだ。それが時代の「標準」だった。

直弼の前に幕府のトップの座にあった堀田《ほった》正睦《まさよし》も、さらにその前任者の阿部《あべ》正弘《まさひろ》も、表面的には開国と通商を推《お》し進めようとしていたように見えるが、西欧列強の軍事的・経済的な実力を見きわめた上で、致し方なく開国・通商要求に応じただけで、いわば妥協《だきょう》の産物としての開国だった。

ペリー来航で、幕府は大混乱となったとされているが、実は幕閣はペリー艦隊の動きを察知し、来航の時期まで把握していた。もちろん、直弼もこうした国際情勢については知悉《ちしつ》していた。その直弼からすれば、現実的には不可能な鎖国継続を求め、幕府の政治に介入してくる外様大名やその家臣は、明確な処罰の対象だったのだ。

安政の大獄が不当な弾圧であり、井伊直弼が強権政治家だったとのイメージは、明治維新後に改めて上書きされた歴史像。明治維新を推し進めたのは、先に挙げた吉田松陰や橋本左内らの「後継者」だ。直弼は、彼らにとって憎んでも余りある相手だったのだから、歴史を上書きした理由は明らかだろう。

〈四〉岩瀬忠震（1818〜1861）外国使節と渡り合った真の「開国の父」

【旧説】不平等な条約を締結したダメな外交家

【新説】欧米列強を相手取るタフな幕府官僚

誰もが「攘夷派」だった幕末

幕末を描く小説や映画などを見ると、「開国派」と「攘夷派」が激しく争いを繰り広げる場面を見かける。しかし、当時の日本人はほぼ例外なく外国人を危険視・敵視し、彼らを日本から追い払いたいと願っていた。つまり、誰もが攘夷派だったのだ。

もちろん、幕府の閣僚など外交実務に携《たずさ》わる立場の人間は、ただ「攘夷、攘夷」と叫ぶだけでは務まらない。現実的な判断として、開国を拒《こば》めば武力攻撃を受ける可能性がある。冷静に彼我《ひが》の戦力を比較すれば、巨大な蒸気船を駆使して大砲や機関銃まで用意できる西欧列強に勝てる道理はない。したがって、開国は「やむを得ず」実行したにすぎないのだ。

とりあえず、開国をして諸外国と通商を行い、進んだ文明を取り入れて軍事力も強化する。そのうえで、改めて攘夷をすればよい。こうした政治思想を「大攘夷」と呼んだ。実際のところ、坂本龍馬にしても西郷隆盛にしても、明治維新に関係したほとんどの志士たちは、こうした大攘夷を考えていたのだ。

真の開国の父は誰だ

ペリー来航以後、こうした現実的な判断をもとに外国との難しい外交に携わったのが阿部正弘、堀田正睦《まさよし》、井伊直弼《なおすけ》という老中や大老だったことはよく知られている。しかし、アメリカをはじめとする諸外国との通商条約(安政五カ国条約)締結に至る外交交渉の中心にいたのは、岩瀬《いわせ》忠震《ただなり》という人物だった。岩瀬は、目付《めつけ》・海防掛《かいぼうがかり》・外国奉行と肩書を変えながらも、一貫して諸外国との外交実務を主導し、すべての条約に署名している。

設楽原歴史資料館にある岩瀬忠震像(愛知県新城市)

同時代の幕閣や、橋本左内のような時代の先端を走る開明的思想家からも、岩瀬はその卓越した識見や才能、度量の大きさ、果断さなどを絶賛されている。外交交渉の相手となったアメリカ外交官タウンゼント・ハリスも、「岩瀬の弁舌は素晴らしく、自分は論破されて条約の文言を改めた部分もあった」と証言している。まさに岩瀬こそ「開国の父」と呼ぶにふさわしい人物だろう。

それほどの人物が、なぜ明治以後は「忘れられた」存在となってしまったのか。岩瀬は井伊直弼による安政の大獄によって蟄居《ちっきょ》となり、失意のうちに四十四歳で亡くなっている。それも岩瀬の名が残らなかった一因ではあるが、実は岩瀬が締結した通商条約をどう評価するかが鍵を握っている。

日米修好通商条約をはじめとする安政五カ国条約は、一般的に不平等条約といわれている。領事裁判権が認められ、関税自主権がない。つまり、外国人が日本で起こした犯罪を日本側では裁けず、関税も日本が決めることはできないというわけだ。

明治政府は、この不平等条約を結んだことを批判し、幕府打倒の大義名分とした。しかしながら、領事裁判権は相互に認めていたもので必ずしも不平等とは言えない。関税自主権についても、関税はお互い話し合って決めようということになっただけで、これも不平等とは言えない。「関税自主権を奪われた」というような言い方は、明治になってから生まれた言葉で、それを回復するのが明治政府の一つの目標になったにすぎない。

安政五カ国条約が不平等条約だったというのは、条約改正運動を進める明治政府が、自らを正当化して徳川の旧体制を批判するために編み出した偽《いつわ》りの概念なのだ。

明治政府にとっては、安政五カ国条約は不平等条約でなければならなかった。したがって、それを結んだ岩瀬は「ダメな外交家だった」という評価にシフトしてしまったのだ。この評価が不当であることは、言うまでもない。

〈五〉勝海舟（1823〜1899）「口数の多さ」が評価を難しくした？

【旧説】西郷との膝詰め談判で江戸の町を戦災から救った

【新説】「無血開城」の前交渉を行った山岡鉄舟の役割大

勝の「ホラ話」には注意

勝海舟《かつかいしゅう》といえば、西郷隆盛との巨頭会談によって江戸無血開城を実現し、江戸の町を火の手から救った人物として知られている。幕臣であるにもかかわらず、新政府軍と戦うことなく、徳川幕府の事実上の幕引き役を演じたことから、「裏切り者」と呼ばれることもある。

この人の面白いところは、実に「口数が多い」ことだ。筆まめでもあったので、関係文書も『勝海舟全集』ができるほどたくさん残っているのだが、かなりおしゃべりでもあったらしく、明治維新後に『氷川清話《ひかわせいわ》』『海舟座談』といった談話を数多く残している。これが非常に問題で、同時代人に対する歯に衣着《きぬ》せぬ毒舌《どくぜつ》が満載なのはともかく、自分の行動を弁護し、活躍を誇大に見せようという意図が露骨で、にわかには信用できない内容がかなり多いのだ。

こうした「ホラ話」は、とてもユニークで読んで面白いものだが、勝を正しく評価しようと思えば、かなり割り引いて考えなければならない。

本当は山岡の手柄？

勝の人生における最大の「見せ場」といえば、冒頭で触れた江戸無血開城であることに異論はなかろう。最後の将軍徳川慶喜の命を奪い、徳川家の名誉・財産・家名までをも取り上げて御家断絶《おいえだんぜつ》に追い込もうとする新政府。その代表が西郷だ。これに対し、慶喜から旧幕府の事実上の最高責任者として交渉にあたるよう命じられたのが勝だった。

勝に与えられたミッションは、徳川家の家名を残し、すでに将軍の座を降りて新政府への恭

勝海舟（福井市立郷土歴史博物館蔵）

順姿勢を見せている慶喜の助命を図《はか》ることだった。慶喜に対しては、分家から来た養子のくせに（御三家水戸徳川家の生まれ）、幕府を滅亡させた張本人だとして、江戸城内には批判的な空気もあった。しかし、勝も武士である以上、主君を見殺しにはできない。そこで、西郷と直接談判に及んだというわけだ。勝と西郷は旧知の間柄である。さかのぼること、四年前の第一次長州征討後、薩摩藩内で対長州政策にかかわっていた西郷が軍艦奉行だった勝を訪ね、面談している。

実は勝と西郷の会談が江戸の薩摩藩邸で行われる一週間ほど前、幕臣の山岡鉄舟《やまおかてっしゅう》が慶喜から直々《じきじき》の命令を受けて今の静岡まで来ていた西郷を訪ね、事前折衝が行われていた。このとき、西郷が提示した旧幕府の降伏を受け入れる条件には、「慶喜の備前《びぜん》藩預かり」「江戸城、武器・軍艦の没収」「徳川家臣の処罰」といった条項があった。

大名がほかの藩に「預かり」になるということは、その後に切腹を命じられることを意味していた。これは、幕臣である山岡には断じて受け入れることができなかった。主君を処刑するとの条件を出されて、「はい、そうですか」と納得する者などなく、その場で腹を切るべきだというのが武士のモラルだった。山岡は「あなたが私の立場なら、主君である島津侯を殺すと言われて、生きて帰れますか？」と問いかけ、西郷の心を動かした。

西郷の根回しで、新政府が突きつける条件は緩和された。そして、それが最終的には勝と西郷との会談によって承認され、無事、江戸無血開城の運びとなったのだ。

つまり、重要な働きを見せたのは、むしろ山岡だったことがわかるだろう。しかし、勝はあたかも自分が山岡を派遣したかのように談話で語り、自分と西郷の「腹芸」で江戸無血開城が実現したのだと「宣伝」に努めた。もちろん、旧幕府側の最終決定権を持っていたのは勝なのだから、「勝が無血開城を実現した」と言っても間違いではないが、いささか山岡が気の毒になる。

口数の多い男には、よくよく注意すべし。

〈六〉小栗上野介（1827〜1868） 近代日本のトップランナー

【旧説】勝海舟に敗れた徹底抗戦派の勘定奉行

【新説】日本の近代化を準備した明治政府も恐れた幕臣

勝海舟とのコントラスト

佐賀藩出身で、明治政府で二度にわたり首相を務めた大隈重信《おおくましげのぶ》は、「明治政府の近代化政策は、小栗忠順《おぐりただまさ》の模倣にすぎない」と語ったという。

小栗上野介《こうずけのすけ》の呼び名で知られる小栗忠順は、徳川家が三河《みかわ》（愛知県）の国衆・松平氏だった時代からの家臣の末裔《まつえい》。徳川創業以来の家臣の血筋で、禄高二千五百石の大身旗本の家に生まれた。幼くして当代随一の朱子学者といわれる安積艮斎《あさかごんさい》の私塾に学び、「幕末の三剣士」のひとり島田虎之助《しまだとらのすけ》に剣術を教わり、さらには柔術・砲術・山鹿《やまが》流兵学まで習得したというから、文武両道を行く秀才だったことは間違いない。

歴史の表舞台に登場するのは、嘉永《かえい》六年（一八五三）のペリー来航がきっかけだった。幕府はアメリカと日米和親条約を締結。安政《あんせい》五年（一八五八）には、初代駐日総領事として来日したハリスとの間に日米修好通商条約を調印した。国際条約は、締結後、双方の国で議会の承認を得るなどの手続きを踏んだうえで、確認のために批准《ひじゅんしょ》書を交《か》わすことになる。このときも万延《まんえん》元年（一八六〇）に幕府の批准使節団がアメリカに派遣された。

小栗はこの派遣団の監察（目付）として一行に加わったのだ。小栗を含む正式な使節団は、米艦ポーハタン号に乗船したが、このとき護衛の名目で幕府の咸臨丸《かんりんまる》も随行していた。その艦長（のような待遇）として渡米したのが、あの勝海舟だ。

小栗も勝も、アメリカで西洋文明に触れ、その後の人生に大きな影響を受けたことは同じだ。しかし、両者が歩んだ実際の人生は、見事なまでのコントラストを描いている。小栗の名して、大隈の評価にもかかわらず、小栗の名は歴史のかなたに置き去りにされ、勝海舟は

ヴェルニー公園内に立つ小栗忠順像
（神奈川県横須賀市）

偉人の仲間入りを果たしたのだ。

小栗がつくった近代日本

勝海舟は帰国後、浮き沈みを繰り返しながらも、幕府海軍の建設事業に取り組み、幕府崩壊の際には、徳川慶喜《よしのぶ》から全権委任を受け、江戸無血開城という幕府の幕引き役を果たした。明治維新後も海軍大臣や枢密《すうみつ》顧問官《こもんかん》を歴任するなど、エスタブリッシュメント（支配階級）として生涯を終えた。

一方、アメリカで政府要人とわたり合い、現地メディアからも称賛を受けた小栗は、帰国後、文久の幕政改革と呼ばれる改革の一環として、幕府軍の近代化＝西洋化を主導。慶《けい》応《おう》元年（一八六五）にはフランスの技術者ヴェルニーを招聘《しょうへい》して横須賀製鉄所を建設した。幕閣の反対を押し切っての行動だった。製鉄所とはいっても、造船所や技術者養成施設なども併設する総合施設で、まさに日本の近代化を先導する画期的な施設であった。大隈が小栗を絶賛したのも、まさにこの横須賀製鉄所（のちに横須賀海軍工廠《こうしょう》）がその所以《ゆえん》だ。

その後も小栗は、フランス軍事顧問団を招いての幕府陸軍強化、銃砲の国産化、日本初の本格的ホテル「築地《つきじ》ホテル館」の建設など、日本の近代化に邁進《まいしん》する。

しかし、慶応四年一月に鳥羽・伏見の戦いが勃発《ぼっぱつ》。江戸に逃げ帰った徳川慶喜は、薩長が主導する新政府への恭順を表明する。これに対し、小栗は徹底抗戦を主張する。武士の意地などではない。幕府の軍事力を冷静に分析したうえで、絶対に負けないという自信があっての献策だった。しかし、もはや「負け将軍」にすぎない慶喜には、新政府と戦いぬく意欲も気概も残ってはいなかった。

失脚させられた小栗は、所領である上野《こうずけ》国群馬郡権田《ごんだ》村（現在の群馬県高崎市倉渕町権田）に逼塞《ひっそく》するが、新政府軍の命を受けた高崎藩兵らに捕縛《ほばく》され、吟味《ぎんみ》もせずに斬首に処せられた。明治政府は、小栗の恐ろしさを十分に理解していたのだろう。

〈七〉大鳥圭介（1833〜1911）「常敗将軍」のいわれなき汚名

【旧説】戦は苦手な連戦連敗の常敗将軍

【新説】勝率は五割以上を誇り、弁明をしない豪傑

幕府陸軍の首脳が戦った戊辰戦争

戊辰《ぼしん》戦争の第二幕は、江戸無血開城から始まった。徳川慶喜が江戸城を新政府軍に明け渡しても、これに不満を持つ旧幕臣や、東北・北陸の諸藩は新政府への恭順を保留し、新政府軍によって血祭りに上げられることになっていた会津藩・庄内藩と共同歩調を取ろうとしていた。

播磨《はりま》国（兵庫県）の医師の子として生まれた大鳥圭介《おおとりけいすけ》は、大坂に出て緒方洪庵《おがたこうあん》の適塾《てきじゅく》で蘭学を学び、西洋兵学や工学、英語を学んで旗本に取り立てられた。幕末の慶応三年（一八六七）から四年にかけて、幕府陸軍の精鋭部隊・伝習隊《でんしゅうたい》の歩兵奉行となる。新政府軍に

大鳥圭介（『近世名士写真』国立国会図書館蔵）

対しては徹底抗戦を主張したが採用されず、伝習隊を率いて江戸を脱走した。

その後、大鳥は幕府陸軍奉行並だった松《まつ》平《だいら》太《た》郎《ろう》や、新選組副長の土方歳三《ひじかたとしぞう》らと合流し、北関東や会津を転戦。旧幕府海軍を率いる榎本武揚《えのもとたけあき》らとともに蝦夷《えぞ》地（北海道）に渡り、箱館《はこだて》政府の陸軍奉行として箱館戦争を戦うが、最終的に降伏した。

大鳥は約二年半の獄中生活を経《へ》て、特赦《とくしゃ》により復帰。軍事や工学に関する該博《がいはく》な知識と経験に注目した新政府にスカウトされ、技術官僚として明治の文明開化事業を先導する役割を果たした。

なぜ「常敗将軍」の汚名を受けたのか

この戊辰戦争の過程で、大鳥は連戦連敗の「常敗将軍」という、まことにありがたくないあだ名を頂戴《ちょうだい》した。大鳥は西洋兵学に通じていて、机上の戦略・戦術論には秀《ひい》でていたが、実際の戦場ではまったく役に立たない愚将であったというイメージが定着した。一方、同じ旧幕府軍の土方歳三は、宇都宮《うつのみや》城の攻防戦や蝦夷地での松前城攻略などで華々しい戦果を挙げた「名将」と評価された。大鳥は、いわば土方の引き立て役になってしまったわけだ。

しかし近年、戊辰戦争関連史料の研究が進み、こうした大鳥の評価は見直されつつある。まず、連戦連敗というのはまったくの間違いで、少なくとも五割以上は勝利している。そして敗れた戦いも、大局的に見て旧幕府方には勝ち目がない、つまり大鳥の戦術・用兵のミスとは言えない戦いだったり、仲間を救うために大鳥が出張って、なんとか撤退に成功した例も少なくなかった。

新政府側の評価も、板垣退助《いたがきたいすけ》のように大鳥の戦術はわかりやすくて戦いやすかったと証言する者もいる一方、薩摩の野津鎮雄《のづしずお》のように、大鳥が旧幕時代に翻訳した軍学書に学んだ自分が、その大鳥に勝てるわけがないと、大鳥へのリスペクトを語る者もいたのだ。

なぜ、大鳥は弱将、愚将の汚名を着せられたのか。一つは、大鳥本人が弁明をまったくせず、「俺はいつも負けてばっかりだった」と自虐《じぎゃく》ネタにしていたからだ。しかし、それは自己弁護を嫌い、「敗軍の将、兵を語らず」の武士としての矜持《きょうじ》だったと思われる。戊辰戦争当時、戦闘に負けても笑って帰ってくる大島の落ち着いて動じない人柄に、配下の兵は魅了されたという。

幕府陸軍の将官であった大島は、幕府海軍を代表する榎本武揚と同様、本質的には「軍人」ではなく「技術者」「研究者」だった。したがって自らの戦功を誇るようなことはしなかったし、むしろ軍人であったのは忘れたい過去だったのかもしれない。

戊辰戦争の敗北は時代の趨勢《すうせい》によるもので、軍人一人の資質に左右されるものではないが、わかりやすい「戦犯」を仕立てることで、敗者の負い目から救われる人たちもいたはずだ。弁明をしなかった大島は、その格好の標的とされたのかもしれない。

〈八〉榎本武揚（1836〜1908）〝やせ我慢〟を捨てた幕末・明治の技術官僚？

【旧説】徳川家を裏切り新政府に職を得た変節漢

【新説】旧主のみならず、国家に奉仕した優秀な技術者

「瘠我慢の説」で非難を受ける

明治三十四年（一九〇一）一月一日、『時事新報』に、福沢諭吉《ふくざわゆきち》が執筆した「瘠《やせ》我慢の説」という論考が掲載された。その内容は、旧幕臣の勝海舟と榎本武揚《えのもとたけあき》を非難するものであった。福沢といえば、「人の上に人を作らず」で江戸時代の身分秩序と真っ向から対立した人物と思われているが、一方で西欧におけるキリスト教のように、日本人の民族精神の根幹となる思想として、「武士道」を重視していた。その点、キリスト教徒でありつつ武士道を高く評価した内村鑑三《うちむらかんぞう》や新渡戸稲造《にとべいなぞう》にも通じる。

勝や榎本は、旧幕臣でありながら、明治維新後は一転して幕府を倒した明治政府の高官

榎本武揚（『歴代首相等写真』国立国会図書館蔵）

となっている。福沢からすれば「主君に対する瘠我慢の情」がなく、ひいては「瘠我慢の士風」を損なうものだということになる。明治政府に請《こ》われたとしても、かつての主君への節義を守るために「瘠我慢」をするべきだった。それこそが日本人の士風であり、道徳であろう。福沢はそう考え、勝と榎本に個人攻撃ともいえる批判を展開したのだ。

これに対し、「身の振り方は自分の問題。それを誉《ほ》めるもけなすも人の問題で自分には関係ない」と、勝がすげなく返したことは知られている。一方、当時外務大臣だった榎本は「そのうち返答する」と返信したが、翌月に福沢が脳出血で死去したため、その機会は失われてしまった。

技術者が奉仕するものとは

天保《てんぽう》七年（一八三六）、伊能忠敬《いのうただたか》の弟子だった幕臣榎本武規《たけのり》の次男に生まれた武揚（通称は釜次郎（かまじろう）は、若くしてその才能を認められ、昌平坂学問所（しょうへいざか）を経て長崎海軍伝習所の二期生として学んだ（勝は一期生）。その後、江戸の築地《つきじ》軍艦操練所教授となった榎本は、オランダ留学を果たして船舶運用術、砲術、蒸気機関学、化学、国際法などを学ぶ。五年に及ぶ留学生活で、海軍に関係するあらゆる技術を習得した榎本は、慶応三年（一八六七）に帰国すると、軍艦頭並《ぐんかんがしらなみ》（まもなく軍艦頭に昇進）という要職で迎えられ、幕府海軍の首脳となった。

その後、すぐに戊辰戦争が勃発。徳川慶喜は新政府への恭順を表明したが、恭順を受け入れない榎本とその部下たちは、事実上旧幕府海軍を支配し、東北地方、そして蝦夷地へと転戦する。榎本率いる旧幕府軍は蝦夷地を占領。榎本は箱館政府の総裁に選ばれた。しかし、新政府軍を迎えての箱館戦争には敗北して降伏。東京で二年半の投獄生活を送ることになる。

ちなみに、箱館政府は「蝦夷共和国」と称したとされているが、独立国家を目指したというのは誤解だ。彼らは、行き場を失った旧幕臣たちの生活（生産）の場をつくるために蝦夷地開拓を明治政府に認めさせようと考えていたにすぎない。

二年半の投獄を経て自由の身となった榎本だが、この優秀なテクノクラート（技術官僚）

を、明治政府が放っておくわけはなかった。北海道の開拓使を皮切りに、ロシアとの国境画定交渉に派遣され、帰国後、外務大輔《たいふ》、海軍卿を務め、内閣制度開始後は、逓信《ていしん》大臣・農商務大臣・文部大臣・外務大臣などを歴任し、国家の枢要で活躍した。

その一方、榎本がもっともその能力をふるうべきであった帝国海軍は、薩摩出身者によって固められてしまい、榎本が海軍のトップとなることはついになかった。

榎本をひとりの武士としてみるならば、「やせ我慢」を捨てたとの福沢の指摘は正しい。しかし、榎本の本質が優《すぐ》れた技術者だったとみるならば、その知見や能力は主家（徳川家）だけではなく、広く国家に奉仕するものであったとみることもできる。その点で、明治政府高官となっても榎本の姿勢は「国家への奉仕」で一貫している。榎本には、「やせ我慢」よりも大事なものがあったのだ。

〈九〉渋沢栄一（1840〜1931）過激な志士から「資本主義の父」へ

【旧説】政府高官から実業家に転じたビジネスマン

【新説】豪農出身で尊王攘夷派の志士になった活動家

令和の時代に「時の人」となる

設立にかかわった会社・団体の数、約五百。近代化を進める日本にあって、資本主義社会の発展に尽くした男。それが渋沢栄一《しぶさわえいいち》だ。実業界のみならず、医療・福祉・教育・文化・外交など、さまざまな社会事業に民間の立場で携わり、私の利益よりも公益を重視し、利潤追求の経済活動と道徳との合一《ごういつ》を目指したその人間像は、いまもっとも注目を集めている。

二〇二一年（令和三）にはNHK大河ドラマ『青天を衝《つ》け』の主人公として、脚光を浴びた。二〇二四年には新一万円札の肖像として、さらに多くの人の目に触れることになる。

渋沢は、まさに「時の人」だ。

天保十一年（一八四〇）、渋沢は現在の埼玉県深谷《ふかや》市にあたる武蔵《むさし》国榛沢《はんざわ》郡血《ち》洗島《あらいじま》村の豪農の家に生まれた。藍染《あいぞ》めの染料となる藍玉《あいだま》の製造販売で財をなした裕福な家だった。幼いうちから学問に親しみ、同時に藍玉の商売にも商才を発揮したという。

尊攘の志士から資本主義の父へ

幕末の日本は、開国と通商を迫る外国によって二百五十年に及ぶ泰平の眠りを覚まされ、尊王攘夷の熱に浮かされていた。少しでも学問をかじり、わずかでも政治に興味をもち、向上心や正義感に燃える若者は、ほぼ百パーセント、尊王攘夷思想にかぶれていたのだ。

渋沢の生まれた血洗島は、東に線を引くと江戸に出るのと同じくらいの距離で茨城県の水戸に着く。水戸徳川家といえば徳川御三家のひとつであり、尊王攘夷思想に大きな影響

渋沢栄一（『近世名士写真』国立国会図書館蔵）

を与えた水戸学の本家である。渋沢の周辺にも、水戸学を学び尊王攘夷を実行しようという雰囲気が充満していたようだ。

それに加え、渋沢は江戸時代の固定化した身分制度にも不満を抱いていた。何も生産しない武士がふんぞり返り、商売や農業で汗水たらして働く自分たちはぺこぺこするばかり。どれだけ才能があっても、立身出世はかなわない。渋沢は後年、『雨夜譚《あまよがたり》』という回顧譚《たん》で、こうした階級的な不満を隠すことなく語り、さらに幕府が倒れて混乱状態になれば、本当の「忠臣」や「英雄」が現れるだろうと、「大騒動」を起こそうと思っていたことを告白している。

渋沢は尊王攘夷に加え、倒幕思想をも抱いていたのだ。しかも、抱くだけでは飽《あ》き足らず、実行に移そうとした。

攘夷の実行というと、生麦《なまむぎ》事件や英国公使館焼き討ち事件、長州藩が外国船を砲撃した下関事件などが知られている。いずれも外国人やその船を直接攻撃する行動だ。ところが、渋沢とその仲間たちの目標は少し違う。彼らは横浜の外国人居留地を焼き討ちしようと考えた。しかし、そのためには鉄砲や弓などの武器が必要だ。まず近場の高崎城を乗っ取って、兵備を調《ととの》えたうえで鎌倉街道を下り、横浜を襲撃しようと計画したのだ。

倒幕まで考えていたというのは、さすがにあとづけの名目だろう。その後、京都で起きた八月十八日の政変で長州藩が追放され、天誅組《てんちゅうぐみ》の挙兵も失敗したことが伝わってきた。渋沢らは攘夷の困難と、自分たちの行動がいかに実現可能性の低い無謀な絵空事であるかを痛感し、挙兵は中止となった。

命を長らえた渋沢は、一橋慶喜《よしのぶ》に仕え、慶喜の弟昭武《あきたけ》に随行してパリ万博を体験。明治維新後は大蔵省の役人を経て産業と企業の育成などの事業に取り組み、「日本資本主義の父」と呼ばれるまでになった。渋沢が生きて明治維新を迎えたのは、本人にとっても日本にとっても、実に幸運なことだった。

〈十〉徳川斉昭（1800〜1860）　忘れられた尊王攘夷の権化

【旧説】「外国を討てぬ幕閣は無能」と声高に叫ぶ頑固な攘夷論者

【新説】最新の海防を学び、現実的な攘夷論者

尊王攘夷の権化

水戸藩の第九代当主・徳川斉昭《なりあき》は、黒船来航に揺れる幕末の江戸で、特異な光を放った人物だ。当時、日本中を席巻《せっけん》していた尊王攘夷思想の権化《ごんげ》ともいうべき存在で、開国を推し進めた幕府の大老・井伊直弼《なおすけ》の好敵手ともされている。水戸藩主であった期間は十五年と短いが、藩主を退いたあとも「水戸の老公」と呼ばれて、政界に厳然たる存在感を持っていた、いわば幕末の黒幕《フィクサー》のひとりと言っていいだろう。

斉昭は、生涯で二度、失脚の憂《う》き目《め》を見ている。最初は水戸藩の藩政にまつわり不手《ふて》際《ぎわ》・不始末を幕閣から批判され、藩主の座を降ろされたとき。もう一度は、安政の大獄の

徳川斉昭（『日本肖像大観』国立国会図書館蔵）

際、政敵の井伊直弼によって謹慎処分とされたとき。

ちなみに、このとき斉昭は「不時登城」、すなわち決められた登城日ではないのに江戸城に押し掛け、井伊直弼に談判をしたために失脚させられたと一般には信じられているが、「不時登城」そのものは処罰の対象とはならない。

こうした誤解がまかり通っていることでも明らかなように、なぜか斉昭という人物を歴史家たちは避けるきらいがあるようで、しっかりした伝記もほとんどない。息子が最後の将軍徳川慶喜だったこともあり、幕末を描くドラマなどには必ず登場するのだが、その実像については、ついぞ、置き去りにされてしまっている人物なのだ。

現実的な攘夷論者

斉昭と言えば、尊王攘夷。それは間違いではない。しかし、やみくもに異人を毛嫌いして、むやみに「殺せ」と叫ぶような、幼稚な攘夷論者ではなかった。

斉昭は西洋の学問や進んだ軍事技術にも目を向けていて、自ら大砲の鋳造《ちゅうぞう》を命じるなど、進んだ海防意識の持ち主だった。また、北方のロシアの脅威についても自覚的で、蝦夷地を水戸藩が開発・支配することでロシアに備えようという計画も立てていた。

ペリー来航のときも、老中・阿部正弘から意見を求められた斉昭は、従来の方針にのっとり「打ち払い」をすれば戦争になる。たとえ局地的に勝利しても、伊豆《いず》の島々は奪われてしまうだろうから反対だと、きわめて現実的な判断を下しているのだ。

優秀で気が短い人間は、ときにそうでない人間が愚鈍《ぐどん》で間抜けに見えるようだ。斉昭から見ると、外国の脅威にただちに向き合おうとはせず、手をこまねいている幕閣がどうにも歯がゆかったのだろう。幕閣の一員ではないにもかかわらず、何かというと斉昭は政治に口をはさみ、自説を容《い》れようとしない幕閣に批判の礫《つぶて》を投げた。当然、敵は多くなる。

一方で、同時代の記録を見ると、斉昭は迫りくる外国の脅威に対して、先頭に立って日本を守ろうとしてくれる人物として、武士や庶民の期待を一身に集めていたことがわかる。

明治になると、尊王攘夷は「頑迷《がんめい》」「古臭い」「身のほど知らず」の考え方ということにされ、「尊王攘夷の権化」である斉昭も、その声望ごと忘れられてしまったのだ。

斉昭については、将軍後継者問題で、わが子を将軍にして政治を操ろうとしたことに対する批判がある。これは、紀州藩主の徳川慶福《よしとみ》（のちの家茂《いえもち》）を十四代将軍に推す「南紀派」と、一橋慶喜（斉昭の七男）を推す「一橋派」が熾烈《しれつ》な派閥抗争を繰り広げたときのこと。斉昭と同じ一橋派だった越前《えちぜん》藩主の松平春嶽《しゅんがく》でさえ「老公の私心と欲」から起きた対立だと批判しているので、さすがに弁護する人はいなかったのだろう。

〈十二〉松平春嶽（1828〜1890）　時代の空気を読み違えた名君

【旧説】明晰な慶喜をトップに抱く新体制「平和路線」を求めた

【新説】慶喜にこだわるが裏切られ続けて、春嶽の路線は崩壊

名門の御曹司から幕末のキーマンへ

越前福井藩の第十六代藩主・松平春嶽《しゅんがく》。本名は松平慶永《よしなが》。春嶽は「号」だが、こちらの方が通りがよいだろう。

徳川将軍家は、八代将軍吉宗《よしむね》の時代に将軍継承者の候補を確保するため、新たに御三卿《ごさんきょう》と呼ばれる親族家を設立した。そのうちの一つ田安《たやす》家の八男として生まれた春嶽は、状況しだいでは将軍候補ともなりかねない、名門中の名門の御曹司《おんぞうし》だった。ところが、徳川家の親族である親藩の越前福井藩の藩主が若くして亡くなり、後継者がいないことから春嶽が急遽《きゅうきょ》、養子となってわずか十一歳で福井藩主の座に就いた。

松平春嶽（『近世名士写真』国立国会図書館蔵）

若くして英邁《えいまい》の誉《ほま》れが高かった春嶽は、中《なか》根《ね》雪江《ゆきえ》、橋本左内、三岡八郎《みつおかはちろう》（由利公正《ゆりきみまさ》）らの指導と補佐を受け、さらに熊本から横井《よこい》小楠《しょうなん》を招いて、藩政改革を推し進めた。幕府の十三代将軍家定の後継者問題が発生すると、水戸藩主徳川斉昭の子で、御三卿一橋家の当主となっていた一橋慶喜を後継者に推す「一橋派」の中心人物となるが、次期将軍は大老井伊直弼ら「南紀派」が推す紀州徳川家の慶福（家茂）に決定し、春嶽は井伊大老によって藩主を隠退させられ、約四年間、中央政界から遠ざけられてしまう。

慶喜に期待し、そして裏切られ

井伊が桜田門外の変で殺害されると、一橋慶喜が将軍後見職となるに伴い、春嶽も新たに設けられた政事総裁職に就任する。一橋派が復活し、幕府の主導権を握ったのだ。当時、薩摩藩主の父（国父）である島津久光《ひさみつ》、元宇和島藩主伊達宗城《だてむねなり》、元土佐《とさ》藩主山内容堂《やまうちようどう》に春嶽を加えた四人の英邁で意欲的な大名を四賢侯《しけんこう》と呼んだ。彼らは一橋慶喜を盟主として幕府の改革を進め、朝廷とも融和政策（公武合体策）を取り、幕府の立て直しを期待されていた。

元治《げんじ》元年（一八六四）の禁門の変（蛤御門《はまぐりごもん》の変）で長州が京都から駆逐される。四賢侯と慶喜は新たに設置された「参預《さんよ》会議」のメンバーとして、京都政府を発足させるが、とりわけ日米修好通商条約で開港した横浜を再び閉じるか否《いな》かの問題で慶喜と久光が対立し、意見が合わずに空中分解してしまう。

さらに将軍徳川家茂の死と長州征伐の失敗、そして慶喜の将軍就任を経て、再び四賢侯が京都に召集される。

彼らは慶喜を補佐する「四侯会議」を設立。公武が協調し、さらに有力諸藩も参加して新たな政治体制をつくろうという試みだったが、これも意見の対立から早々に自壊。その結果、薩摩は幕府を見限り長州に接近する。

この段階で、薩摩の小松帯刀《たてわき》や西郷隆盛、大久保利通《としみち》らは、政変を起こして幕府＝徳川家をパージし、有力諸大名が新たな政府をつくる方向に向かっていた。しかし、春嶽は土佐の山内容堂らとともに徳川慶喜も参加した「挙国一致政府」を模索していた。薩摩・長州は「政変路線」、春嶽らは「平和路線（話し合い路線）」といったところか。

そして、薩摩の西郷や大久保は、さらにその先、大名をなくし、出自に関係なく有能な人物が政治を担当する将来へと目を向けていた。それは、生まれながらの殿様である春嶽には思いもよらぬことだった。

結局、薩摩と長州がリードする新政府は慶喜をパージして旧幕府方の暴発を誘発。「先に手を出したのは徳川」を大義名分とし徳川家を倒すことに成功した。春嶽は、最終的には新政府と妥協して、政府の一員にとどまった。明治維新後、政府に入った殿様たちは、実務能力に欠けるため早々に政府を去る。最後まで残ったのが春嶽だった。有能な人物であったのは間違いない。しかし、裏切られてもなお慶喜にこだわり続け、西郷、大久保らの思い描くビジョンを読めなかった春嶽は、徹底して時代の空気を読み違えた人物だったのだ。

〈十二〉松平容保（1835〜1893）本当に「悲劇の主人公」なのか

【旧説】新政府の矢面に立たされた悲劇の藩主

【新説】降伏・恭順の態度を示せば、藩は救われた可能性大

京都守護職という「火中の栗」

会津藩は、「悲劇の藩」と呼ばれている。藩主である松平容保《かたもり》も「悲劇の主人公」として扱われる。なぜか。容保は、幕末に突如として政局の中心地となった京都に送り込まれ、その治安を担当する京都守護職に任命された。それは、心ならずも火中の栗を拾わざるを得なくなったのだとされている。

江戸時代の大名は基本的に独立領主であり、自分の家や領地・領民のことを考えていればよかった。老中などの幕府の要職には就けなかったのではなく、就く必要がなかったのだ。しかし、幕末にもなると幕府の力は衰退し、黒船来航以来の対外的な緊張を背景とする混乱を収めるためには、実力ある大名（いわゆる雄藩）の力を借りなければならなかった。

当時、朝廷や天皇の権威を得ることで国政に影響力を持とうと願う勢力が京都に集まり、治安を乱していた。幕府はそれを治めるため、会津藩に助けを求めて京都守護職に「なってもらった」のだ。会津藩からすれば、長州はじめ反幕府的な勢力の恨《うら》みを買うのは明らかで、京都滞在の費用も自腹。できれば、この依頼を拒否したかった。

しかし、会津藩の藩祖である保《ほ》科《しな》正之《まさゆき》は、二代将軍徳川秀忠の御落胤《ごらくいん》で、異母兄である三代将軍家光《いえみつ》から弟と正式に認められたことから大藩の藩主に引き立てられたため、会津藩には徳川将軍家を極度に重んじる家風がある。容保は美濃《みの》高須《たかす》藩松平家の生まれで、会津藩松平家に養子に入った身。藩内での立場が弱かったので、ことさらに家風を重んじて見せる必要があったのだ。

松平容保（『幕末明治文化変遷史』国立国会図書館蔵）

結局、幕府の命を拒否できなかった容保は、心ならずも京都守護職を引き受け、案の定、徳川慶喜《よしのぶ》とともに、反幕府勢力の恨みを買った。しかも、鳥羽・伏見の戦いの敗戦を知った慶喜は、容保やその弟で桑名藩主の松平定敬《さだあき》を引き連れて密《ひそ》かに大坂を脱出、江戸に逃げ帰ってしまった。慶喜本人はその後、新政府への恭順姿勢を見せて謹慎することになるが、はしごを外《はず》された容保は会津若松に戻り、新政府軍の激しい攻撃を受けることになる。そして、会津落城。会津藩は、藩士、領民ともに下北半島の斗南《となみ》藩に移封となり、飢《う》えや寒さの苦《く》衷《ちゅう》を味わうことになる。まさに会津藩の「悲劇」だった。

全国諸大名のトップへ

近年、幕末の京都には、禁裏《きんり》御《ご》守衛《しゅえい》総督《そうとく》の一橋慶喜（のちの最後の将軍）、京都守護職の松平容保、そして京都所司代の松平定敬の三者が牛耳《ぎゅうじ》る「一会桑政権（勢力）」が樹立されたと考えられている。トップはもちろん慶喜で、容保は政権ナンバー2だ。

孝明天皇はこの政権に厚い信頼を寄せ、容保には「会津藩をもっとも信頼している」という直筆の手紙（御宸翰《ごしんかん》）を授けるという異例の配慮を見せた。この瞬間、容保は全国の諸大名の頂点に立ったといってよい。不本意な京都守護職就任ではあったが、結果として最高の栄誉《えいよ》を手に入れたわけだ。

薩長にとって、この一会桑政権は不倶戴天《ふぐたいてん》の敵だ。戊辰戦争とは、一会桑と庄内藩を徹底的に叩くための戦いであった。庄内藩は、鳥羽・伏見の戦いの引き金となった薩摩藩邸焼き討ち事件（三田品川戦争）の「首謀者」である。

しかし、徹底恭順した慶喜が助命されたことでもわかるように、新政府は何がなんでも容保の命を奪うとまでは考えていなかった。新政府軍が東北地方に攻め寄せる前に降伏・恭順していれば、会津戦争の悲劇は避けられたと考える研究者も多い。つまり、容保の判断ミスだったというわけだ。徳川慶喜に翻弄《ほんろう》されたという点では同情すべきだが、一時は大名のトップの地位を得たことも考えると、はたして「悲劇の主人公」といえるかどうか……。

〈十三〉河井継之助（1827〜1868）悲劇の敗者が見せた驕り

【旧説】武装中立策が踏みにじられた無念の家老

【新説】驕りから情勢を読み違えた出世頭の家老

悲劇的（？）な生涯

司馬遼太郎の小説『峠』の主人公として知られる河井継之助《かわいつぎのすけ》は、越後《えちご》長岡《ながおか》藩の家老だ。明治維新の際、継之助に率いられた長岡藩は「武装中立」を掲げたが、新政府には認められず北越戦争に突入。攻め寄せる長州奇兵隊を中心とする新政府軍と戦い、敗れ去った悲劇の人物として知られている。

長岡藩の中堅藩士の子として生まれた継之助は、藩校崇徳館《そうとくかん》で儒学や陽明学を学び、のちに江戸や西国へ遊学。江戸では幕末の志士がこぞって読んだ『言志四録《げんししろく》』を著した佐藤一斎や佐久間象山《さくましょうざん》、備中松山藩では藩の財政再建に手腕を発揮した山田方谷《やまだほうこく》に師事している。

慶応元年（一八六五）に郡《こおり》奉行に任命され、財政再建など藩政改革に乗り出す。特に有名なのは藩士の禄制改革だ。百石を基準に藩士の石高《こくだか》を増減し平均化してしまうという、いわば社会主義的な改革で、当時の人々を驚かせた。これによって、身分の上下にかかわらない人材登用が可能となった。軍制改革ではフランスの兵制を採用し、藩兵の再編成を進め、ミニエー銃やガトリング砲と呼ばれる機関銃を導入している。

河井継之助（『河井継之助伝』国立国会図書館蔵）

継之助の人生で、大きな転機となったのが「小千谷《おぢや》会談」だ。大政奉還後、混乱した政局にあって、長岡藩は武装中立を藩是《はんぜ》とし、継之助を上京させて徳川家擁護のため周旋を図るが、新政府はこれを却下。さらに長岡藩を親幕府派とみて警戒の目を向ける。やがて、江戸無血開城となるが、新政府は旧幕臣の抵抗勢力を叩き、さらに会津・庄内両藩の討伐を掲げて北に進軍する。そして、長岡藩に対しては恭順か抗戦かを厳しく迫った。

明治元年（一八六八）五月二日、長岡城下から遠く離れた小千谷町（新潟県小千谷市）の慈眼寺《じげんじ》を訪れた継之助は、新政府・東山道先鋒総督府軍の軍監岩村精一郎《いわむらせいいちろう》（高俊《たかとし》）との会談、いわゆる小千谷会談に臨む。継之助は中立の立場を示し、戦争回避と会津藩の赦免《しゃめん》を求めたが、岩村はいっさい取り合わず、話し合いは決裂した。

その結果、長岡を舞台に各地で激しい戦いが繰り広げられた。長岡藩は最新の軍備をもって善戦し、一時は敵に奪われた長岡城を奪還した。しかし、継之助は重傷を負ってしまい、長岡城も陥落。会津藩と合流しようと東に向かった継之助だが、その途中、塩沢村（福島県二本松町）で力尽き、村医師の矢沢宗益《やざわそうえき》宅で没した。

勝者それとも敗者

小千谷会談は、あくまでも和平を求める継之助と、これを冷酷にも足蹴《あしげ》にする岩村精一郎という対立図式で描かれることが多い。北越戦争開戦後、越後に駆け付けた山県有朋《やまがたありとも》は、岩村の拙劣な対応を非難し、「俺がいれば長岡藩と戦うことはなかった」と嘆いたといわれている。

しかし、すでに旧幕府軍と新政府軍とは江戸や北関東において戦闘に及んでいた。そうした状況で、長岡藩が「武装中立」「局外中立」を求めるというのは、現実離れといわれても仕方あるまい。

継之助は、小説や映像作品ではもっぱら「悲劇の主人公」「不遇の敗者」として描かれる。しかし、幕末の混乱期に大抜擢を受けて家老となり、藩主牧野家の支持を背景にわずか三年ほどで藩政改革を断行したという意味では、「出世頭＝勝者」でもあったのだ。小千谷会談が決裂し戦争にいたった背景には、成功と出世を重ねてきた継之助に、己の力をもってすればなんとかなるという「驕《おご》り」があったのではないか。

現在の長岡では、継之助は幕末の英雄として扱われる一方、長岡の町を焦土と化してしまった張本人として批判の対象ともなっている。その評価が定まるには、まだ年月がかかるようだ。

〈十四〉西郷頼母（1830〜1903）　藩の滅亡を救えなかった頑迷な性格

【旧説】新政府への恭順を訴え、藩内では裏切り者扱い

【新説】意見は正論ながら不徳で受け入れられず

藩主よりも血筋は上？

会津藩の藩祖保科正之《ほしなまさゆき》は、徳川将軍の御落胤《ごらくいん》という生い立ちながら、実の兄にあたる三代将軍家光の特段の思《おぼ》し召しで大藩の藩主となった。そのため、徳川将軍家への絶対の忠節を誓うのが、会津藩の気風だった。幕末の藩主松平容保《かたもり》は、養子であったために、なおさらこの「気風」を強く意識せざるを得なかった。それが会津藩の悲劇を招くことになるのだが、若き藩主に真っ向から異《い》を唱える重臣もいた。国家老の西郷頼母《さいごうたのも》である。

西郷家はもともと保科家の親戚であり、名門中の名門だ。自分こそ会津藩の主流であり、藩を守らなければならないという使命感もあったのだろう。容保が京都守護職を拝命した

際も、頼母はわざわざ江戸にまで出かけて反対。さらに京都まで容保を追いかけて、守護職の辞任を訴えている。しかし、容保はこの進言を退けた。血筋から言えば、自分よりも会津藩主の血統に近い頼母に対する対抗心もあったのかもしれない。頼母は家老職を免職となり、会津で逼塞《ひっそく》することになる。

その五年後、鳥羽・伏見の戦いが勃発し、容保は徳川慶喜《よしのぶ》とともに江戸に逃げ帰る。この藩存亡の危機に、頼母は家老に復帰して江戸藩邸で敗戦の後始末にあたった。ここでも頼母は、新政府に恭順するよう容保に訴えかける。

西郷頼母（福島県会津若松市提供）

しかし、会津藩士の多くは、自分たちが薩長に「はめられた」被害者であるという意識が強かった。容保も主家である徳川家の命令に従っただけだと考え、さらに孝明天皇から厚い信頼を寄せられていたことも記憶に新しく、自らの非を認めて降伏することなどできなかった。新政府への恭順を唱える頼母は、藩内で卑《ひ》怯者《きょうもの》扱いをされる始末だった。

その後、会津藩と東北諸藩は奥羽越列藩同盟《おううえつれつぱんどうめい》を結成。新政府軍を白河口《しらかわ》で迎え撃つことになり、頼母はその軍事責任者となるが、あえなく敗戦。ここでもう一度、頼母は容保に新政府軍との講和を建言するが無視されてしまい、敗戦の責任を取って免職。会津城下で謹慎となる。その後、新政府軍は会津城下まで攻め寄せ、会津藩は多くの犠牲者を出して敗北する。

会津藩の滅亡は避けられなかったのか

会津藩の敗北については、「新政府ははじめから会津藩を叩き潰《つぶ》す心づもりだったので、恭順をしても無駄だった。徹底抗戦をしたのはやむをえないことだった」という議論が古くからある。前将軍の徳川慶喜が謹慎し恭順姿勢を示したため、新政府は会津藩をスケープゴートにしたのだとの見解もある。しかし、近年の研究ではこうした見方は否定されてきている。会津藩は新政府の意向を見誤り、彼らの望む「降伏」をしなかったために、会津戦争の悲劇を招いたのだとする考えが主流になってきた。

たしかに、江戸を去って会津に戻った容保は、新政府に逆らうつもりはないと言いながらも、軍備を整えて軍制改革を行うなど、ファイティングポーズをとり続けてしまった。

この段階で、会津藩が武装解除し、鳥羽・伏見の戦いを招いた首謀者を処罰し、藩主自ら出頭して謝罪・恭順の姿勢を見せれば、新政府軍の現地司令部である奥羽鎮撫《ちんぶ》総督府は、これを受け入れる方針だったとの記録もある。

たとえ鳥羽・伏見の戦いのあとであっても、頼母の意見を採用していれば、会津が戦場となることは避けられたのだ。頼母の意見が受け入れられなかったのは、相手の話を聞かずに一方的に自己主張すると評された、頼母自身の偏狭さにも原因があるだろう。しかし、会津藩のその後の苦衷を思うと、西郷頼母の「正論」が通らなかったのは、いかにも惜しまれる。

〈十五〉佐久間象山（1811〜1864） 理解されなかった天才「先覚者」

【旧説】開国を唱えて尊攘の志士に暗殺された開国派

【新説】近代化を進めたうえで外国との対峙を訴えた「大攘夷」派

時代の観察者にして教育者

中国・北宋《ほくそう》に仕えた名臣たちの逸話や名言を集めた『宋名臣言行録』という本がある。ここで採用されている人物の分類に従うと、名臣とは「能《よ》く見る人」「見て行う人」「果決の人」に分類されるという。それぞれ、「時代の観察者」「時代を動かす活動家」「ことを決する革命家」といったところだろうか。観察者が時代の矛盾を明らかにし、活動家が時代の変革のために動く、そして最後に革命家が果断に時代を変えてゆくという時代感覚だろう。

評論家の故松本健一氏は、幕末維新期の人物をこの三類型にあてはめてみた。

佐久間象山（『近世名士写真』国立国会図書館蔵）

明治維新を成し遂げた「革命家」に該当するのは、西郷隆盛や大久保利通、そして木戸《きど》孝允《たかよし》となる。その前段階にあたる「活動家」が勝海舟や高杉晋作《たかすぎしんさく》や坂本龍馬。そして、もっとも早い時期から活動を開始した「観察者」が横井小楠と藤田東湖《ふじたとうこ》、さらに佐久間《さくま》象《しょう》山《ざん》ということになる。彼らは幕末と呼ばれるようになる時代の最初期に登場し、時代の変革をこころざした先覚者だった。

なかでも佐久間象山は、その傑出した能力だけでなく、数多くの志士を弟子とし、影響を及ぼしたことが特筆される。時代の観察者であると同時に、偉大な教育者でもあったといえるだろう。

理解されなかった先駆者

佐久間象山は、信濃《しなの》国（長野県）の松代《まつしろ》藩士、佐久間国善《くによし》の嫡男として、文化八年（一八一二）に生まれた。父国善は五両五人扶持《ぶち》という小身の藩士だったが、象山は幼いころから腕白で知られ、学問でも頭角を現した。二十一歳にして、松代藩主の真田幸貫《さなだゆきつら》に見いだされ、世子《せいし》（後継ぎ）の教育係に任命されている。

大変な自信家でもあった象山は、その才能と実力を鼻にかけて、方々で騒動を起こしたらしい。万延元年（一八六〇）に、桜の花に寄せて自らの愛国の大義をうたう漢詩を作った折には、「本邦にて漢文字ありて以来千余年間、それがしに並び候もの一人もこれなく候」と自画自賛したというからスゴイ。

学問的には、最初は朱子学を信奉したが、主君の幸貫が幕府の老中と兼任で海防掛に任命されたことをきっかけに、対外関係に関心を持つようになった。自信家なだけあって、いったん方向転換を決めると超人的な努力で突き進む象山は、瞬《また》く間に蘭学や語学を習得し、医書・兵書なども読破。伊豆韮山《にらやま》代官の江川英龍《えがわひでたつ》（太郎左衛門）のもとで西洋兵学や砲術も身に付けてしまった。

江戸の神田で私塾・象山書院を開いてさまざまな学問を講じ、さらに深川の藩邸でも砲術を教えた。象山から教えを受けた者は、吉田松陰、坂本龍馬、山本覚馬《やまもとかくま》など綺羅星《きらぼし》のごとき面々で、勝海舟は弟子となる一方、妹が象山の妻となるなど親しい関係にあった。

この時代、日本中で尊王攘夷の嵐が吹き荒れていた。対外的な危機感から西洋の学問に転じた象山も、ご多分に漏れず尊王攘夷を鼓吹《こすい》したが、学問の士である象山は、国力においては西洋諸国に遠く及ばない事実と向き合い、いったんは開国をして西洋文明に多くを学び、近代化を進めたうえで、列強と対決するという「大攘夷」を提唱した。しかし、国家の枠組みとしては徳川幕府と諸藩が支配する現体制を維持するという考えで、それが狂信的な尊王攘夷を掲げる志士たちに付け入る隙《すき》を与えてしまった。

元治元年（一八六四）、将軍徳川家茂《いえもち》の命で上洛した象山は、公武合体や開国の意義を家茂や幕閣にレクチャーした帰路、京都の三条木屋町《きやまち》で暗殺された。自他ともに認める「天才」は、生まれた時代が早すぎた。

〈十六〉清河八郎（1830〜1863）策謀家の汚名を着せられた草莽《そうもう》の志士

【旧説】倒幕のために幕府をだまして新選組を誕生させた謀略家

【新説】朝廷・幕府一体での尊王攘夷を目指した幕府方の志士

浪士組を分裂させた変節漢？

幕末の京都で、勤王の志士を厳しく取り締まるなどの活躍を見せた新選組。そのルーツは、将軍徳川家茂の上洛を控えた幕府が、将軍警護のために腕に覚えのある志士、牢人を募集して結成した浪士組だった。では、その浪士組を募集するきっかけとなったのは誰か。それが、庄内藩出身の志士、清河八郎《きよかわはちろう》だった。

江戸に出た清河は幕府直轄の学問所「昌平黌《しょうへいこう》」で学び、自ら塾を開いて剣術や儒学を教えた。そして、塾に集まる尊王攘夷の志士たちで「虎尾《こび》の会」と呼ばれる政治サークルを結成する。しかし、無実の町人を殺害した疑いで指名手配の身となった清河は、日本各地で潜伏生活を送りながら全国の志士と交流を深めた。文久三年（一八六三）、幕府に浪士組結成を建言し、これが採用された。応募した浪士のなかには、のちに新選組の首脳となる近藤勇《こんどういさみ》、芹沢鴨《せりざわかも》、土方歳三《ひじかたとしぞう》らがいた。

なお、募集の際に幕府側が「応募してほしい候補者」としてリストアップした面々には、あの坂本龍馬もいたという。

指名手配犯だった清河は、浪士組の表には立たず、黒幕のような立場で一緒に京都に上った。すると、清河は自分たちの本当の目的は将軍警護ではなく、江戸で攘夷を実行することだと宣言。そのために朝廷の許しを得て江戸にもどると隊士たちに呼びかけた。しかし、近藤らはこれに納得せず、京都に残ることを選択し、浪士組は分裂した。

清河神社内に立つ清河八郎像（山形県東田川郡庄内町）

清河らは江戸にもどるが、攘夷実行にいたる前に、浪士組の監督役で、のちに京都見廻《みまわり》組《ぐみ》に加わる佐々木只三郎《ささきたださぶろう》によって清河は暗殺されてしまう。清河は幕府をだまして尊王攘夷の実行グループを結成したあげく、殺されてしまったのだ。リーダーを失った江戸帰還グループは、新たに幕府から「新徴組《しんちょうぐみ》」の名を与えられ庄内藩の預かりとなり、江戸の治安維持を任務とするようになる。

かつて司馬遼太郎は『竜馬がゆく』のなかで、「幕末の史劇は、清河八郎が幕をあけ、坂本竜馬が閉じた」と表現した。にもかかわらず、清河には先駆者というより謀略家、陰謀家といったイメージがついて回る。

明らかになってきた清河の実像

しかし、地元の研究者の長年の努力もあって、こうした悪評はかなり事実とは異なることがわかってきた。まず、お尋ね者となった「酔って町人を殺害した」嫌疑だが、これは清河の尊攘思想を危険視した幕府の捕吏が、清河を逮捕しようとして斬られた事件だった。幕府は清河の捕縛失敗という失態を隠蔽《いんぺい》するために、町人殺害というデマを流したらしい。

そして、浪士組の結成についても誤解がある。当時、幕府直属の旗本は泰平の世に慣れて戦う集団ではなかった。だからこそ、浪士が募集されたわけだが、清河が一人で幕府をけしかけたのではなく、山岡鉄舟《やまおかてつしゅう》や高橋泥舟《たかはしでいしゅう》といったれっきとした幕臣も協力していたのだ。彼らも尊王攘夷を掲げる志士であった。清河が人手不足の幕府を利用して、浪士を集めたのは事実だが、その目的は幕臣も賛同する尊王攘夷の「実働部隊」をつくり上げることだった。

しかも、当時の清河の記録には、あくまでも朝廷と幕府が一体となって攘夷を行おうという考えが記されていて、幕府を倒すという意志はうかがえない。しかし、清河が暗殺されたのち、浪士組から派生した新選組も新徴組も、尊王攘夷を掲げながらも、その実態はひたすら幕府を支えてその権力維持を図る幕府親衛隊のような組織に変わってしまった。

清河は立身出世のためには手段を選ばない陰謀家ではなく、朝幕一体となっての尊王攘夷を目指す、典型的な草莽《そうもう》の志士だった。

〈十七〉近藤勇（1834〜1868）勤王の志士の敵役は残忍な人殺しか？

【旧説】粗暴で無教養な「幕府の走狗」であり、勤王志士の敵役

【新説】尊王攘夷思想を掲げる幕府方の知識人のひとり

近藤は敵役にして引き立て役

近藤勇《こんどういさみ》は、言わずと知れた新選組の局長だ。幕末最強の剣客集団とも評される新選組のトップであり、京都を舞台に活躍する勤王の志士たちがもっとも恐れた強敵とされている。おそらくその一般的な人物像は、①腕っぷしが強くこわもて、②残忍な人斬り、③親分肌、④無教養で時代が読めない——といったところではないだろうか。

こうしたイメージは、薩長を中心とする勤王の志士、尊攘（尊王攘夷）派浪士と呼ばれる人物を主人公とする小説、映画、テレビドラマなどによって作られたものだろう。これらの物語は、旧弊固陋《ころう》な幕府を倒して新たな時代を切り開こうとする志士たち（高杉晋作《たかすぎしんさく》、

近藤勇（国立国会図書館蔵）

桂《かつら》小五郎《こごろう》、西郷隆盛など）と、その前に立ちふさがる「幕府の犬」（新選組など）の対立の構図で描かれることが多い。要するに新選組&近藤勇は、敵役《かたきやく》にして引き立て役ということになる。イメージがよろしくないのも、仕方ない。

司馬遼太郎という「国民的作家」は、こうした新選組のマイナスイメージを覆し、新選組の隊士に視点を置いた作品を書き残した。その影響で、一九七〇年代以降は新選組ファンもずいぶん増えたが、司馬作品では土方歳三や沖《お》田《きた》総司《そうじ》が脚光を浴びることが多く、どうも近藤の名誉回復には至らなかったようだ。

人を斬ったのは二回だけ？

では実際のところ、近藤勇とはどのような人物だったのか。

町の剣術道場の主《あるじ》だった近藤が、剣の実力を背景に世に出たことは間違いない。しかし、それは厳密な身分社会であった江戸時代に、身分の低い武士が出世するためのルートの一つだった。桂小五郎も坂本龍馬も清河八郎も武市半平太《たけちはんぺいた》も、もとはみな剣の腕前で注目されたのだ。

近藤ら新選組は、しばしば座右の銘として「尽忠報国《じんちゅうほうこく》」を掲げた。要するに尊王攘夷と同じこと。当時の社会情勢においては、天皇を尊《たっと》ぶ「尊王」も、外国人を排斥《はいせき》する「攘夷」も、「時代の常識」であり、反対する者などほとんどいなかった。新選組の前身である浪士組が結成されたのも、上洛する将軍徳川家茂《いえもち》を警護し、幕府が天皇に約束した攘夷を実行するのが目的だった。

その浪士組が分裂して、近藤らが京都に残り新選組を結成したわけだが、京都守護職を務める会津藩主松平容保《かたもり》に庇護《ひご》を求めた際、近藤は「天皇と将軍を守護して神州日本の穢《けが》れを清めるのが自分たちの望みだ」と書いている。

要するに、言っていることは、勤王志士や尊攘浪士とたいして変わらない。ただ近藤は幕府に取り立てられたので、幕府と朝廷（天皇）が手を組んで攘夷を実行すべきだと考えたが、幕府の腐敗に憤《いきどお》りを感じていた他藩の人間は、幕府抜きで攘夷を実行しようと考えていただけなのだ。

新選組結成間もないころ、松平容保の呼びかけで公武合体派の藩の外交担当者が集会を開いた。ゲストとして招かれた近藤は、とうとうと独自の攘夷論を演説して称賛されている。無教養どころか、政治思想の点でも近藤は時代の先端に立っていたのだ。新選組が人斬り集団だったというイメージも怪しい。

記録で見る限り、新選組隊士が殺した敵は二十六人。近藤本人に至っては、実際に人を斬ったのは尊攘派志士を一斉摘発した「池田屋事件」の時と、もう一回のみだ。新選組も近藤勇も、幕府の滅亡とともに歴史の舞台から退場した。新選組に恨みを抱く元長州藩士などが、にっくき近藤をことさらに悪く語ったのが、いつしか近藤の汚名として定着したのだろう。

〈十八〉土方歳三（1835〜1869）「鬼の副長」がまとった虚像

【旧説】剣にこだわった時代遅れのサムライ

【新説】陸軍将校の先駆けとなった近代戦のプロ軍人

時代に取り残されたヒーロー？

幕末の京都で新選組・鬼の副長と恐れられた土方歳三《ひじかたとしぞう》。鉄の掟《おきて》で組織を統率し、寄せ集めのサムライ集団にすぎなかった新選組を、幕末屈指の剣客集団と呼ばれるほどの戦闘組織に仕立て上げたのは、局長の近藤勇ではなく、腹心として時には「汚れ仕事」をも引き受けた土方だったといわれている。

しかし、時勢には抗しがたい。大政奉還によって幕府は消滅。さらに鳥羽・伏見の戦いで薩長に敗れた徳川軍や新選組は江戸に敗走。再起を図《はか》ったが、肝心の元将軍徳川慶喜《よしのぶ》が新政府に恭順の意を示し、江戸城の無血開城が実現。行き場を失った旧幕臣や新選組は戊辰戦争へとなだれ込む。リーダーである近藤が処刑されても、土方は東北諸藩や旧幕臣らとともに北に転戦し、最後は箱館《はこだて》戦争において命を散らした。

幕府が崩壊したのちも、最後まで新政府に対し戦い続けた土方は、「武士の節義を通し」「敗者の意地を見せ」「幕府への忠義を貫いた」ヒーローとして語られてきた。一方で、新選組の栄

土方歳三(国立国会図書館蔵)

光に引きずられ、銃砲を主要な武器とする新政府軍に刀で挑《いど》むというアナクロニズムに陥り、それゆえに敗れた。つまり、土方は時代に取り残された存在だったとも評されてきた。

近代的な軍人の「先駆け」

しかし、こうした土方歳三像は、見直されてきている。まず土方も新選組も、けっして「斬ったはった」にこだわるアナクロ武士ではなかった。

少なくとも百人以上の隊士を抱える大所帯となってからは、鉄砲どころか大砲さえも装備し、日頃より訓練を行っていたのだ。西本願寺の一角に屯所《とんしょ》をおいていた時期、大砲の音がひどく迷惑だったと寺の記録に見える。さらに、鳥羽・伏見の戦いを描いた絵には、鉄砲を肩に担いだ新選組隊士が、隊列をなして行進する様子が描かれているのだ。

われわれがよく知る土方の写真は、総髪に洋装。江戸に帰還した時にあのスタイルにしたと伝わるが、少なくともこの段階で、土方は古色蒼然たる武士であることをやめ、機能を重視した戦闘のプロフェッショナル、すなわち近代的な軍人を目指していたのだ。

実際、戊辰戦争における土方は、新選組の指揮は隊士に託し、旧幕府軍の陸軍を率いる指揮官として活動した。仙台城で奥羽越列藩同盟の軍議が行われた際には、諸藩の連合軍を統率する「提督」には土方がふさわしいと、榎本武揚《たけあき》が推薦したが、これは諸藩の足並みがそろわず実現しなかった。

箱館政府が発足した際には、「入札《いれふだ》（選挙）」によって、土方は「陸軍奉行並兼箱館市中取締兼陸海軍裁判局頭取」に選出されている。陸軍奉行は旧幕臣の大鳥圭介。近代的な軍事・戦術に通じていたが、土方は大鳥に決してひけをとらなかったという。しかし、その土方も新政府軍の猛攻を受けた弁天台場を救出するため出撃、敵兵に狙撃されて命を落とした。

新選組時代は「人斬り」のイメージで語られた土方だったが、その後は明らかに近代的な陸軍指揮官として戊辰戦争を戦った。現在の土方像は、もっぱら小説や映像作品によって作られたものだが、その根っこには、薩長を中心とする新政府に逆らった旧幕臣たちを、時代の空気を読めず、武士であることにこだわった頑迷固陋《がんめいころう》で復古的な連中として描きたかった明治政府の思惑が透《す》けて見える。もちろん、彼らを倒して「新たな時代」をつくった自分たちを正当化するためだ。

土方は、近代的な軍人の「先駆け」として再評価されるべきだろう。

第二章

「旧説vs.新説」維新政府方の人物評

〈一〉 鍋島閑叟（1814〜1871） 日本の近代化をリードした殿様

【旧説】佐賀藩は倒幕に関しては薩摩や長州藩に比べて出遅れた

【新説】慎重な性格から出遅れたが、近代化へ真っ先に貢献した

殿様の実力は？

江戸時代二百六十五年の間には、概算すると四千人近い殿様がいた計算になる。そのなかでも、名君と呼ばれるのは、上杉鷹山《うえすぎようざん》や細川重賢《ほそかわしげかた》など一握りにすぎない。

幕末にも、「四賢侯《しけんこう》」と呼ばれる名君がいた。薩摩《さつま》藩主の島津斉彬《しまづなりあきら》、越前《えちぜん》藩主の松平春嶽《まつだいらしゅんがく》（慶永《よしなが》）、土佐《とさ》藩主の山内容堂《やまうちようどう》（豊信《とよしげ》）、宇和島藩主の伊達宗城《だてむねなり》の四人だ。四賢侯は、対外的な危機感の高まりや将軍継承争いで揺れる政治情勢を見て、自ら幕政に関与しようと乗り出した。いずれも幼年期から英邁《えいまい》で知られ、緩みきった幕府の改革に乗り出す気概と意欲を持っていた。

ほかにも、幕末には政治に意欲的だった藩主が何人もいたが、おしなべて彼らは「殿様気質」の持ち主で、細かな実務は優秀な家臣に任せ、自らが西欧の学問を学ぶということはほとんどなかった。

家来よりも賢才道徳がある

ところが、薩摩の島津斉彬と、今回紹介する肥前《ひぜん》佐賀藩主の鍋島閑叟《なべしまかんそう》（本名は直正《なおまさ》。閑叟は号）は、別だった。殿様本人が藩内の誰よりも先進的かつ開明的で、自ら西洋文明を貪《どん》欲《よく》に取り込もうと奔走《ほんそう》した。

鍋島閑叟（『近世名士写真』国立国会図書館蔵）

鍋島閑叟は、天保《てんぽう》元年（一八三〇）に藩主となる。当時の佐賀藩は、他藩と同じく財政難に陥っていた。閑叟はただちに藩の財政改革に乗り出し、質素倹約を徹底させた。さらに藩校弘道館《こうどうかん》を拡充して、優秀な人材の発掘に力を注いだ。

ここまでは、江戸時代の名君にはよくある

パターンだが、閑叟は積極的に西洋文明を学び、藩の近代化を図《はか》ることに異常なまでの熱意を注ぎ込んだ。そのおかげで、佐賀藩ではペリー来航の前年、すなわち嘉永《かえい》五年（一八五二）には鉄製大砲の鋳造《ちゅうぞう》に成功する。この段階で、自前で鉄製大砲を製造できるのは佐賀藩だけだったのだ。幕府老中の阿部正弘《あべまさひろ》は、ペリー来航を受けて佐賀藩に大砲の製造を打診した。「命令」ではなく「打診」であったところに、幕府の威光が地に落ちていたことがうかがえる。

さらに閑叟は日本初の実用的な蒸気船の建造にも成功。イギリスなどから蒸気船を購入して、国内最強レベルの佐賀藩海軍を編成した。ほかにも医学・科学技術・軍事などさまざまな分野で近代化がすすめられたが、すべて閑叟の強烈なリーダーシップによって実現したものだった。

幕末には、四賢侯のほかに、京都政局をリードする役割を期待された「参預《さんよ》会議」に参加した大名や、「一会桑《いっかいそう》」と呼ばれた一橋《ひとつばし》・会津《あいづ》・桑名《くわな》の藩主もいたが、彼らはみな優秀な家臣の助けがあって初めて活躍することができた。佐賀藩にも優秀な人材はいたが、誰よりも先頭を切って走っていたのは閑叟本人だった。

佐賀では江藤新平《えとうしんぺい》や大隈重信《おおくましげのぶ》、副島種臣《そえじまたねおみ》など、明治維新期に活躍した人物を「七賢人」

と呼ぶが、そのうちの一人は、なんと彼らの主君であり、抜擢《ばってき》してくれた閑叟だったのだから驚きだ。松平春嶽は、「名高い大名はたいがい主人よりも家来に道徳や才知にたけた者がいるが、島津斉彬と閑叟は家来よりも賢才道徳があった」と述べている。

閑叟は政治的には慎重すぎて、倒幕派にも親幕府派にも距離を保ったため、薩摩や長州に比べて出遅れた。しかし、戊辰《ぼしん》戦争で威力を発揮した新政府軍の新兵器アームストロング砲は、佐賀藩で開発・製造したものであり、西洋式に調練された佐賀藩兵は、各地での戦闘で顕著な働きをみせた。そして、閑叟に抜擢された「六賢人」は、明治政府の高官として近代国家の建設に邁進《まいしん》することとなる。

日本の近代化に最初の火を灯《とも》したのは、佐賀の殿様だったのだ。

〈二〉 島津久光（1817〜1887） 名君の弟がこうむった汚名

【旧説】西郷と対立した名君の兄の足元にも及ばぬ暗君

【新説】名君の兄がかなわないと語った博学を誇る殿様

敵対する西郷とは兄弟弟子

幕末の名君といえば、薩摩の島津斉彬《なりあきら》の名を挙げる人が多いだろう。先見性、国際感覚、実行力、どれをとっても当代一流。そして何より、明治維新の立役者である西郷隆盛《さいごうたかもり》を大抜擢したのは、「名君」の偉業として申し分ない。

一方、その斉彬と島津家の家督を争ったとされる弟の久光《ひさみつ》については、どうも平均的な印象はあまりかんばしくないようだ。偉大な兄に比べると見劣りする。強権発動で薩摩藩士の過激派を死に追いやった。京都に乗り込んだはいいが、徳川慶喜《とくがわよしのぶ》に完全にしてやられ、すごすごと帰ってきた。そして何より、あの西郷と折り合いがすこぶる悪く、短気を起こ

島津久光（『近世名士写真』国立国会図書館蔵）

して西郷を島流しにしてしまったというのが、久光の評判を悪くしている最たる要因だろう。

どうも「西郷＝偉人で大人物」という大前提に立つことで、久光は割を食っているようにも見える。そもそも久光は兄の斉彬をひたすら尊敬し、志半ばで病に倒れた兄の衣鉢《いはつ》を継ぐ想いで、幕府に圧力をかけて文久の改革と呼ばれる幕政改革を主導したのだ。西郷もまた斉彬を神の如く崇《あが》め、生涯の主君として敬慕した。つまり、久光と西郷はともに斉彬という巨星の「兄弟弟子」ともいえる関係だったのだ。

兄も認めた才能と学識

久光が薩摩藩十代藩主の斉興《なりおき》の五男として生まれたのは、文化十四年（一八一七）。西郷より十一歳年上だ。いったんは種子島《たねがしま》家の養子となるが、本家に復帰して親戚筋の名門重《しげ》富《とみ》島津家の家督を継ぐ。やがて斉興の後継をめぐり、斉彬と久光を推《お》す勢力同士が争う

「お由羅《ゆら》騒動」が起きる。お由羅は久光の生母だ。最終的に斉彬が島津家の当主となることで騒動は収束したが、久光自身はこの騒動にはほとんど関与していなかったようだ。

久光は儒学・和歌・漢詩・書・国学と、あらゆる学問に通じていたという。その才能を誰よりも認めていたのが、兄の斉彬であった。斉彬は勝海舟《かつかいしゅう》に対し、「久光はとてつもなく博学で、強い意志と正しい心を持っている。とても自分はかなわない」と絶賛しているのだ。

西郷が最初に「島流し」（実際には潜居《せんきょ》〈隠れ住む〉程度）となったのは安政《あんせい》の大獄《たいごく》の結果。当時は斉彬の急死を受けて父斉興が藩の実権を握っていたので、久光は無関係だ。

やがて、国父（藩主茂久《もちひさ》の父）となった久光は、幕政改革を迫るために率兵上京（兵を率いて京都に上る）を図る。そこで、斉彬時代に活躍した西郷の復帰を求める動きがあり、久光は受け入れた。久光に意見を求められた西郷は、久光は「地五郎《じごろ》」（田舎者）なので、京都に乗り込んでも相手にされないだろうと警告した。

当時は身分社会。主筋にこんな口をきくとは常軌を逸している。しかし、西郷の経験と能力が必要だと冷静に判断した久光は罰しなかった。西郷が久光を侮辱《ぶじょく》したのは、亡き主君斉彬への想いからだろう。この逸話は、実は久光の度量の広さと、西郷の屈折ぶりを示しているのだ。

　その後、西郷は薩摩藩士の暴発を防ぐために久光の命に背いてしまい、沖永良部島《おきのえらぶじま》への流罪となる。しかし、西郷待望論は絶えることはなく、久光はまたしても西郷の復帰を許す決断をする。

　やがて西郷の獅子《しし》奮迅《ふんじん》の働きで、明治維新は成し遂げられた。久光は一時、名目上の最高位である左大臣に就任しながらも、ひたすら西欧化を目指す明治政府と折り合いがつかず、鹿児島に隠居する。明治以降の久光が極端に保守的だったのは事実だ。しかし、幕末における久光まで「暗君」と見なされるようになった裏には、久光と対立した明治政府の思惑があったのかもしれない。

〈三〉山内容堂（1827〜1872）陰謀に蹴散らされた歴史的な「正論」

【旧説】小御所会議での容堂の失言に乗じて慶喜排除に成功

【新説】会議での容堂の正論によって慶喜の政権参加で内定

新時代の政権構想と挫折

自ら「鯨海酔侯《げいかいすいこう》（クジラのように酒を飲んで酔っ払った殿様）」と称し、豪快を絵に描いたような殿様だった山内容堂《やまうちようどう》は、土佐藩主山内家の分家に生まれた。本家の当主が急死したため、急遽《きゅうきょ》、当主の座についたのは二十二歳のときだった。藩主としての最大の功績は、吉田東洋《よしだとうよう》を抜擢《ばってき》して藩政改革を断行したことだろう。この東洋門下から、明治維新に活躍した後藤象二郎《ごとうしょうじろう》や福岡孝弟《ふくおかたかちか》、三菱の創業者である岩崎弥太郎《いわさきやたろう》などの逸材が誕生している。板垣退助《いたがきたいすけ》も門下生ではないものの、東洋の評価を受け、登用されたひとりだ。

容堂は、越前藩主の松平春嶽《しゅんがく》、宇和島藩主の伊達宗城《むねなり》、薩摩藩主の島津斉彬《なりあきら》とともに、

「四賢侯」と呼ばれた。黒船騒動以来、日本全体の行く末を案じ、幕政への参画に意欲を見せた殿様たちだ。しかし、意欲的な殿様というのは厄介《やっかい》な存在でもある。幕府の枢要を握る幕閣たちと対立し、幕政への参加はかなわず、容堂も隠居に追い込まれる。

一方、信用を失いつつあった幕府は単独での政権維持が難しくなる。容堂や松平春嶽、伊達宗城、そして島津斉彬の弟でその志を継いだ島津久光は、四賢侯がかつて次期将軍に押し上げようとした徳川慶喜と連携しての政権運営を目指した。こうして慶応《けいおう》三年（一八六七）五月に四侯会議が設置されたが、四侯と慶喜との主導権争いは、四侯の干渉を排除しようとした慶喜が粘《ねば》り勝ちし、会議は頓挫《とんざ》。容堂らは政局の鍵を握ることはできなかった。満たされぬ思いを酒で紛《まぎ》らわす容堂は、政治的な意欲を失ったかのように見えた。

山内容堂（『近世名士写真』国立国会図書館蔵）

四侯会議の結果、雄藩連合による政権運営がかなわなくなった薩摩藩の西郷と大久保は、戦略の変更を余儀なくされ、武力よって幕府を倒す討幕に舵《かじ》を切った。かたや、慶喜は薩長ら反幕府的な藩や公卿《くぎょう》の追及をそらすために、政権を天皇に返還（大政奉還）するというアクロバティックな方策を用いた。

これは土佐藩出身の坂本龍馬から参政の後藤象二郎を経《へ》て容堂に吹き込まれた策だったとされる。薩長に政局の主導権を奪われたことを不快に思っていた容堂は、この策によって、天皇を頂点、徳川慶喜を首班として、自分たち諸大名が閣僚となる公儀政体ができると踏み、息を吹き返した。

歴史的な「ド正論」を披露

ところが、西郷隆盛と大久保利通《おおくぼとしみち》はもっと過激だった。徳川氏（具体的には慶喜）を排除しなければ、結局は徳川政権に逆戻りしてしまう。慶喜を討たねばならない。慶応三年十二月九日、京都御所内の小御所《こごしょ》で徳川家の処分問題をめぐり、会議が開かれた。西郷らは、この機に政権から慶喜を排除し、その罪をあげつらって「辞官納地」（官位と領地をすべて天皇に返す）を命じてしまおうとたくらんだのだ。

会議に出席した容堂は激怒する。なぜ、ここに慶喜がいないのか。国難にあたり自ら大政奉還を実現した功臣ではないか。この会議は、薩長と数人の公家が計画した徳川家を排除する陰謀にほかならない！

非の打ちどころのない「正論」だ。ここで容堂は「どうせ幼い天皇をだましたのだろう」と暴言を吐き、岩倉具視《いわくらともみ》に「天皇に対し無礼だ」と反撃されて黙ったとされているが、事実ではない。薩摩を除くほとんどの出席者は容堂に同意し、岩倉も後日、「これまでのいきさつは水に流して徳川も政権に入れてはどうか」と言い出す始末だった。慶喜の排除方針は骨抜きとされてしまったのだ。

しかし、巻き返しを図る薩摩は、旧幕府を挑発して鳥羽《とば》・伏見《ふしみ》の戦いに持ち込み、ついに徳川家を降伏に追い込むことに成功した。容堂は歴史上まれにみる「ド正論」を披露し、挙国一致政府をつくることに成功しかけたが、最後は薩摩のしたたかな陰謀の前に敗北したのだった。

この時期、容堂は盟友ともいうべき松平春嶽に頻繁《ひんぱん》に手紙を書いている。そのなかで「芋《いも》（薩摩）」の姦計《かんけい》や陰謀について口をきわめて罵《のの》しっているが、あとの祭りであった。

〈四〉西郷隆盛（1828〜1877）　薩長同盟は西郷の手柄にあらず

【旧説】倒幕の道筋となる薩長同盟締結の立役者

【新説】同盟ではなく連携程度。西郷に連携を命じたのは久光

西郷の虚と実

ＮＨＫ大河ドラマで取り上げられた人物について、これまで明らかではなかった新事実が表に出てくることがある。二〇一七年の大河ドラマ『おんな城主 直虎』の主人公井伊直虎《いいなおとら》は、知る人ぞ知る戦国時代の女性だったが、一躍有名になったためか「実は男だった（かも）」という新史料が出てきた。

では、二〇一八年の大河ドラマ『西郷《せご》どん』の主人公西郷隆盛《さいごうたかもり》はどうだったか。

実は大河ドラマに決定する以前から、西郷とその業績については、専門家の間でいくつかの疑問が出されていた。まず西郷の最大の功績といえば、薩長同盟の締結だ。薩摩の代表西郷と、長州の代表木戸《きど》孝允《たかよし》（桂《かつら》小五郎《こごろう》）が、土佐藩出身の坂本龍馬の仲立ちで同盟を結び、それが倒幕と明治維新へとつながったというのが、歴史好きなら誰もが知っている幕末維新定番のストーリーだ。

　薩摩と長州は、それまで非常に仲が悪かった。文久《ぶんきゅう》三年（一八六三）の八・一八政変で、過激な攘夷を唱える長州は京から追放された。翌年、失地回復を図る長州は京で軍事行動を起こす。この禁門の変（蛤《はまぐり》御門《ごもん》の変）を鎮圧したのが、薩摩藩と会津藩だったのだ。長州は「薩賊会奸《さつぞくかいかん》」とののしり、敵愾心《てきがいしん》を抱く。その犬猿の仲の二藩に手を組ませたのだから、薩長同盟を成し遂げた坂本龍馬は褒《ほ》めたたえられ、西郷と木戸の評価も定まった。

イタリアの銅版画家キヨソーネが描いた西郷隆盛

　禁門の変のあと、幕府は長州征伐の軍を起こし、その事実上の指揮を執《と》ったのは薩摩の西郷だった。通説では、このとき西郷は幕臣の勝海舟の影響を受け、国内の藩同士で争っている場合ではないと思い立ち、長州との融和を図《はか》ったとされている。

しかし、近年の研究では、長州との接近を図ったのは西郷ではなく、薩摩藩の事実上のトップである藩主の父島津久光だったことがわかっている。久光は傾きかけた幕府との協調に限界を感じ、距離を置いた。そして、もし長州を徹底的に叩いたら、次に幕府に狙われるのは薩摩だとの危機感を抱き、それならば、むしろここで長州に恩を売って、連携したほうがよいと考えた。西郷は、主人の方針に従って動いたのだ。

なぜ話は「盛られた」のか

さて薩長同盟だが、残された文書を読み返してみると、交《か》わされた約束の内容は、長州が幕府に攻められたら薩摩は中立の立場を守るとか、禁門の変で「朝敵」とされた長州の名誉回復のために薩摩が努力するといったことだけなのだ。同盟ではなく薩摩藩の基本方針（久光の方針）を確認した覚《おぼえがき》書にすぎないという見解も有力視されている。

さらに言えば、この段階で長州代表が木戸であったのは間違いないが、薩摩代表は西郷ではなく小松帯刀《こまつたてわき》だったというのが近年の理解だ。つまり、薩長同盟とは「木戸・小松覚書」くらいのものだったというわけだ。もちろん、幕府から攻められる危機にあった長州には意味のあることだったが、薩摩にとってはさほど重要なものではなかったのだ。

薩長同盟が、「時代の分水嶺《ぶんすいれい》」として語られるようになるのは、どうももっとのちの時代のことらしい。明治政府を牛耳《ぎゅうじ》る薩長出身者への世間の風あたりが強くなると、薩長関係者は「幕府を倒し明治維新を成し遂げたのは薩長のおかげだ」ということを実際以上にアピールするようになる。薩長同盟が時代の分水嶺へとドラマチックに脚色されたのは、そのためだろう。そして、西南戦争で死んだ西郷を敬慕する声は明治後期になっても消えなかった。そうした庶民感情を味方につけるために、薩長同盟を成し遂げた大人物・西郷というイメージも、「話を盛る」ことによってつくり上げられたのかもしれない。

〈五〉大久保利通（1830〜1878）「明治政府トップ」の真の評価

【旧説】倒幕で暗躍した「維新三傑」のひとり

【新説】龍馬、慶喜、岩倉具視にも評価されなかった前半生

不可思議な大久保の人物評

西郷隆盛と木戸孝允、そして大久保利通《おおくぼとしみち》の三人を「維新の三傑」と呼ぶ。しかし、大久保が「政治家」として表舞台で脚光を浴びるのは、むしろ明治以降のことで、幕末の激動においては、常に盟友であり兄貴分でもあった西郷のあとを追いかけているような印象がある。明治維新が成ったとき、この三人には大名の家臣としては異例の褒美《ほうび》が与えられたが、木戸と大久保が千八百石・従三位だったのに対し、西郷は二千石・正三位と別格であった。

にもかかわらず、この三人を三傑と呼び、西郷と大久保を薩摩の両雄と並び称するのは

大久保利通（『近世名士写真』国立国会図書館蔵）

なぜか。明治政府の最高権力を握り、明治国家の骨格をつくったという大久保の後半生の栄光に照らして、前半生をも事実以上に輝かせるという作為があるのではないか。

公家の岩倉具視は、土佐藩出身の佐佐木《ささき》高《たか》行《ゆき》との対話のなかで、大久保を「頑固《がんこ》でゆるぎない」のが取《と》り柄《え》だとしながらも「深い学識も才能もない」と評し、越前藩主・松平春嶽の参謀を務めた中根雪江《なかねせっこう》は、「姦謀《かんぼう》（悪だくみ）をたくましくする」人物だと語っている。ともに大久保と近い関係にあった二人の人物評だけに、大久保の人間性の一面を見事についているように思える。

「斉彬の遺志」を利用して出世

大久保が薩摩藩内で頭角を現したのは、藩主の父（国父）として実権を握った島津久光の引き立てによる。大久保は、志を同じくする下級藩士たちと誠忠組《せいちゅうぐみ》を組織して注目を集めた。彼らは亡き先代藩主の島津斉彬《なりあきら》の遺志を継ぎ、尊王攘夷を実行するという目的を掲げ、それが藩主（実際には国父の久光）の目にとまった。斉彬の遺志とは、具体的には「天皇に忠勤を励み」「緊急事態には兵を率いて京都に上る」ことだと位置づけられていた。しかし、実は生前の斉彬がそのようなことを語った記録はない。

つまり、彼らは自分たちが世に出るための主張＝スローガンを、「斉彬の遺志」だとして正当化しようとしたのだ。それは、大久保のような下級藩士が政治参加することを正当化するロジックでもあった。

そして実は、そのロジックは久光にとっても好都合だった。久光は、客観的に見れば先代藩主の弟というだけで、官位も人脈もない。西郷が久光を批判したように「地五郎《じごろ》（田舎者）」にすぎないのだ。その久光が兵を率いて京都、さらに江戸に上って幕府を改革するなど、本来であればあり得ない。「斉彬の遺志を継ぐ」という看板を掲げることで、久光は自らの行動を正当化したのだ。

久光に引き立てられた大久保らが実際に行ったのは、門閥《もんばつ》保守派の家老を更迭《こうてつ》して、斉彬時代の家老を復活させるという政治工作だった。斉彬の遺志うんぬんは、いつの間にか棚上《たなあ》げにされていた。さらにいえば、斉彬の懐刀《ふところがたな》として活躍し、安政の大獄で島流しとなっていた西郷を政治の表舞台に引き戻したのも、「斉彬の遺志を継ぐ」という姿勢をアピールする行動だったのだ。

大久保は久光とお互いにとって都合のいいことを分かち合ったにすぎず、大義などまるでなかった。

その後、薩摩藩は小松帯刀と西郷のリードで長州や土佐と接近し、やがては大政奉還、王政復古クーデターを経て、明治維新を成し遂げる。もちろん、大久保も朝廷工作などで働いた。徳川慶喜は、「匹夫《ひっぷ》（身分の低い男）の発言で朝廷が左右されるのはけしからん」と、大久保の働きを憎々しげに語っている。

ちなみに土佐の坂本龍馬と中岡慎太郎が「天下の人物」を語った記録がある。二人は西郷を手放しに褒《ほ》める一方、木戸についてはやや批判的で、大久保に至っては、ほとんど触れてさえいない。そのあたりに、維新前の大久保の本当の評価がうかがえるだろう。

〈六〉小松帯刀（１８３５〜１８７０）　忘れ去られた若き名家老

【旧説】幕末の政局を動かしていたのは薩摩の西郷と大久保

【新説】西郷と大久保を動かしていた久光名代の小松

久光四天王の筆頭として

幕末の薩摩藩を代表する人物といえば、まず誰もが西郷隆盛と大久保利通の名を挙げるだろう。これは、島津斉彬《なりあきら》という名君によって薩摩は覚醒《かくせい》し、その斉彬の薫陶《くんとう》を受けた西郷が、友人である大久保と二人三脚で明治維新を成し遂げたというストーリーを下敷きにして再生産されてきたイメージだ。当然、斉彬の弟で、斉彬亡きあと、薩摩藩の実権を握り、斉彬チルドレンである西郷と対立関係にあった島津久光を不当に低く評価することにつながった。

こうしたストーリーは、「西郷物語」としてみたとき、まことに美しく、感動的だ。しか

小松帯刀（『近世名士写真』国立国会図書館蔵）

し、実態以上に美しく着飾った物語には、そこから抜け落ちてしまった真実が必ずある。久光の懐刀《ふところがたな》として、そして西郷や大久保の上司として幕末の薩摩藩を率いた家老、小松《こまつ》帯刀《たてわき》の存在がそれだ。

小松の初名は肝付尚五郎《きもつきなおごろう》。のちに小松家の養子となり、小松清廉《きよかど》、通称帯刀を名乗った。大久保利通、中山中左衛門、伊地知貞馨《いぢちさだか》らとともに久光に抜擢《ばってき》された「久光四天王」の一人だ。なかでも小松は規格外の出世を果たし、久光に見いだされてその側近（側役）となってからわずか一年少々で、藩の家老職に就任する。まだ二十八歳だった。

早すぎた歴史からの「退場」

これ以後、薩摩藩の意思決定は、久光から小松を通すかたちで西郷、大久保といった要路に伝えられるようになる。「久光・小松体制」の誕生だ。

幕末の政局において、禁門の変、薩長同盟、大政奉還など、主なできごとはみな京都が舞台だ。だが、久光が京都にいたのはわずかの期間にすぎず、不在時には小松がその名代《みようだい》を務めていた。つまり、こうした歴史的大事件において薩摩藩を動かしていたのは、小松だったのだ。西郷や大久保は公家や他藩との交渉や外交に身を削《けず》っていたが、それは小松の指揮のもと、小松から久光の意向を確認しながら進められた。久光は、小松という優秀な側近を通じて、西郷や大久保をコントロールしていたのである。

西郷の項でも述べたが、薩長同盟についての評価は、近年、大きく揺らいでいる。藩を挙げての軍事同盟などではなかったという説が有力だ。禁門の変で朝敵となった長州の復権のため、薩摩が協力することを約束したにすぎず、長州の代表である木戸孝允と薩摩の代表である小松が取り交《か》わした「木戸・小松覚書」が実態であったとする見解が有力視されている。

いずれにせよ、薩摩を代表して長州と交渉にあたったのは、家老であり久光の名代である小松であった。交渉の場所が、小松邸（近衛《このえ》家別邸）だったことは、その何よりの証拠だろう。

では、なぜ小松は西郷や大久保に比べて影が薄いのか。

その理由はシンプルだ。肝心かなめの王政復古クーデターから鳥羽・伏見の戦いのとき、小松は病気療養中で参加することができなかった。そして、明治政府が発足するや、いったんは政界に復帰して実質的な外務大臣として活躍したにもかかわらず、またもや病気でリタイアせざるを得なくなる。病気は、「足傷」といわれているが詳細はわからない。そして、政治の現場に復帰することなく、明治三年（一八七〇）に三十六歳の若さで亡くなってしまった。

ようするに、あまりに早くに歴史から「退場」してしまったために、小松の功績は忘れられてしまった。明治になり、国民が幕末維新期に起きたできごとを、「歴史」あるいは「物語」として学び、消費するようになったとき、すでに小松はこの世にいなかったのだ。

〈七〉五代友厚（1835〜1885）近代国家を設計した薩摩藩士

【旧説】維新後は衰退した大阪の復興が目的という経済人

【新説】工業立国こそ富国強兵の近道という大経世人

外国かぶれの紳士？

五代友厚《ごだいともあつ》といえば、二〇一五年のNHK朝の連続ドラマ『あさが来た』で一躍有名になった元薩摩藩士だ。洋行帰りで、何かというと英語を駆使する洗練された英国紳士風の役柄であり、主人公「あさ（教育者で実業家の広岡浅子がモデル）」のビジネスの師匠という位置付け。演じたのがイケメン俳優ということも相《あい》まって、たちまち人気に火がつき、五代が亡くなると、熱心なファンの間では「五代ロス」と呼ばれる現象が起きたという。

この五代、幕末には薩摩出身の志士として世界を股《また》にかける活躍をした人物であることは意外に知られていない。『あさが来た』で五代を演じたイケメン俳優ほどイイ男であったかどうかはともかく、ただの外国かぶれのビジネスマンではなかった事実を、ご紹介したい。

五代が鹿児島城下に生まれたのは、天保六年（一八三五）。早くから開明的な藩主・島津斉彬《なりあきら》に認められ、二十一歳のときに長崎海軍伝習所へ遊学した。ここで幕臣の勝海舟や佐賀藩士の佐野《さの》常民《つねたみ》とともに航海・砲術・化学・数学など、最先端の西洋文明を学んだ。

文久二年（一八六二）には藩の命令で上海《シャンハイ》に渡航。汽船や武器の購入に努めたが、薩摩藩とイギリスとの薩英戦争の勃発《ぼっぱつ》により帰国して参戦。同僚の寺島宗則《てらしまむねのり》とともにイギリス海軍の捕虜《ほりょ》となってしまった。

鹿児島市の泉公園に立つ五代友厚像（©K.P.V.B）

このとき、五代らは薩摩藩を「攘夷」から「開国」に転換させるために、あえて捕虜になったともいわれていた。これは、薩英戦争の発端となったのが、薩摩藩士がイギリス人を殺傷した「生麦《なまむぎ》事件」という攘夷行動だったことからきた誤解で、薩摩藩自体は島津斉彬の主導により、とっくの昔に単純な攘夷からは脱却していた。

さらに、捕虜となった五代は、イギリス海軍のクーパー提督に、十万の薩摩藩士は死を恐れぬ闘士であると吹き込んだ。恐怖を感じたクーパーは、鹿児島への上陸を断念して講和を結んだともいわれている。五代の伝記作者は、薩摩を救ったのは五代の弁舌であったと称賛しているが、これは贔屓《ひいき》の引き倒しだろう。

実は、イギリス海軍は旗艦の艦長と副官を含む十三人が亡くなるなど、予想外の被害を出していた。クーパーやその上官であるイギリス公使代理のジョン・ニールは、本国の議会での追及を恐れ、さっさと戦争を終結したかったのが真実だ。

近代国家のグランドデザインを描く

五代は間もなく釈放されたが、批判を避けるために潜伏生活を送るなか、長年温めていた日本の近代化策を練り上げた。その要点は、海外貿易を振興し、同時に留学生を派遣して進んだ西欧文明を取り入れることだった。彼はきわめて具体的で現実的なプランを藩に提出し、採用された。

慶応元年（一八六五）、「薩摩スチューデント」と呼ばれる薩摩藩第一次英国留学生十五人がイギリスに渡り、五代は産業貿易担当となり、使節団四人の一人として参加した。五代は旅先から日本に送った手紙のなかで、近代国家の根幹は「industry（産業・工業）」と「commerce（貿易）」であると語っている。五代は新たな国家の進むべき道を「工業立国」と位置付けたのだ。

翌慶応二年に帰国した五代は、戊辰《ぼしん》戦争で活躍したのち、新政府の関西での外交担当として活躍するが、当時、衰退していた大阪経済を立て直すことを志し、実業界に転じた。五代は大阪の地で造幣局や大阪商工会議所、商船三井、大阪市立大学の元となる事業を展開、「東の渋沢《しぶさわ》（栄一《えいいち》）、西の五代」と並び称されるようになる。しかし、五代の本質はただの経済人でも西洋かぶれの紳士でもない。実は、明治国家のグランドデザインを描いた存在だったのだ。

〈八〉桐野利秋（1838〜1877）「人斬り」と呼ばれた男の実像

【旧説】京の町を震わせた人斬りで、西南戦争の首謀者

【新説】斬った人はひとり、西南戦争の主戦派ではなかった

「人斬り」の餌食になったのは……

幕末の京都には、「人斬り」と呼ばれる志士が四人いたとされている。「人斬り新兵衛《しんべえ》」こと薩摩藩士・田中新兵衛。「人斬り彦斎《げんさい》」こと肥後《ひご》藩士・河上彦斎。「人斬り以蔵《いぞう》」こと土佐藩士・岡田以蔵。そして、「人斬り半次郎」こと薩摩藩士・中村半次郎《なかむらはんじろう》だ。この中村半次郎、明治維新後は桐野利秋《きりのとしあき》と改名しているので、ここでは桐野と記すこととしよう。

尊王攘夷を掲げて京の町を闊歩《かっぽ》し、敵対する公家や幕府役人を次々と暗殺したとされる人斬りたち。当然、凄腕《すごうで》の剣客である。この四人のうち田中新兵衛と岡田以蔵は明治維新を見ることなく捕まって非業《ひごう》の死を遂げ、河上彦斎も明治以降、人斬りの罪で捕まり斬首

されている。ひとり桐野利秋だけは明治政府の軍人となり、陸軍少将にまで出世した。その後、明治十年（一八七七）、郷士の英雄・西郷隆盛とともに西南戦争を起こし敗北。三十八歳で命を散らしたことはよく知られている。

実は、桐野が殺害した人物は、実際に判明したかぎりではたった一人しかいない。示現《じげん》流の使い手である桐野の刀の錆《さび》となったのは、上田藩士で西洋軍学に通じた当時第一級の学者である赤松小三郎《あかまつこさぶろう》という人物。赤松が会津藩の依頼を受けて薩摩に内偵（スパイ行為）をしたために、薩摩藩士の桐野はしかたなく殺害をしたのだという。

どうも桐野が「人斬り」と呼ばれるようになったのは、ずいぶんあとになってからのことらしい。実際の桐野は、薩摩藩の「監察《かんさつ》」という、諜報活動を行う役目を担っていた。小松帯刀《たてわき》や西郷隆盛といった藩の中心人物の命を受け、当時は薩摩の政敵だった長州藩の京都藩邸に潜《もぐ》り込むなど、情報収集に手腕を発揮する。「人斬り」と「密偵」、ずいぶんとイメージが異なるものだ。

『鹿児島英雄銘々伝』に描かれた桐野利秋（国立国会図書館蔵）

西南戦争を起こしたのは桐野？

その後、戊辰戦争では新政府軍の指揮官として活躍した桐野は、発足したばかりの帝国陸軍の幹部となった。明治六年、征韓論争に敗れて下野した西郷に従い、官職を捨てて鹿児島に帰郷する。当時、全国の旧武士階級の間で明治政府に対する不満が高まり、士族の反乱が相次いでいた。そして、明治十年。旧薩摩藩士らが西郷を担いで挙兵し、西南戦争になだれ込む。

従来、西郷本人は乗り気ではなかったが、血気にはやる桐野や、西郷らが設立した教育機関・私学校の生徒らが暴発し、やむなく挙兵に同意したとされてきた。近年の研究によれば、鹿児島にもどった桐野は、西郷や私学校とは少し距離を置いていたようだ。西郷も、行動が万事派手な桐野をあまり好まなかったらしい。

挙兵の発端となったのは、明治政府による西郷暗殺計画を疑った私学校生徒らが、鹿児島にあった政府軍の火薬庫を襲撃した事件だった。桐野は、襲撃した私学校の生徒たちの軽挙を非難しているので、西南戦争の首謀者でもないし、主戦派でもなかった。挙兵をけしかけたのは、別府《べっぷ》晋介《しんすけ》や辺見《へんみ》十郎太《じゅうろうた》といった西郷の側近だったようだ。もちろん、いったん戦いが始まれば、桐野は一隊の隊長として各地で奮戦し、鹿児島城下の城山《しろやま》で西郷とともに華々しく散った。

なぜ、桐野が西南戦争の首謀者にされてしまったのか。

もしかすると、人気者の西郷に「反乱者」「逆賊」という「色」がつくのを嫌った人びとが、西郷配下の著名人である桐野に、そうした「負」のイメージを背負わせようとしたからかもしれない。だとすれば、「人斬り」という異名も、そこからさかのぼってつくられた、あとづけのイメージなのかも……。

〈九〉 大村益次郎（1824〜1869）「変人エピソード」はフィクション

【旧説】毎日欠かさずに食べるほど、大の豆腐好き

【新説】豆腐以外にもカツオ、クジラ、アワビを食する美食家

陸軍の祖はコミュ障？

大村益次郎《おおむらますじろう》（元は村田蔵六《むらたぞうろく》）は、長州藩の村医者の子として生まれ、医師としての修業の道に進みながらも、洋学・蘭学・兵学なども学び、やがて長州の軍勢を率いて幕府軍を撃退し、さらに戊辰戦争を勝利に導いた人物だ。新政府軍が上野《うえの》寛永寺《かんえいじ》に籠もった彰義隊《しょうぎたい》をわずか数時間で葬《ほうむ》り去り、以後、西郷隆盛から軍事指揮権を奪い取った人物としても知られている。維新後は軍制改革に携わり、日本陸軍の基礎をつくり上げた。しかし、国民皆兵を目指す大村の急進的な改革に不満を持つ元長州藩士らのテロによって、大村はわずか四十五歳で命を落としてしまった。

大村といえば、なんと言っても司馬遼太郎の『花神』だ。NHK大河ドラマにもなっているので、現在五十歳以上の歴史好きの多くは、中村梅之助《なかむらうめのすけ》（四代目）が演じたあの巨大な頭と太い眉《まゆ》を思い浮かべるのではないか。

『花神』の大村益次郎は、合理主義の権化《ごんげ》ともいうべき人物で、学者としては優秀かもしれないが、愛想の一つもなく、下手《へた》をすると喜怒哀楽をあらわにすることもほとんどない「変わり者」として描かれている。作品中に登場する変人エピソードを紹介しよう。

大村益次郎（『近世名士写真』国立国会図書館蔵）

村医者を開業していた大村に患者の一人が「お暑うございます」と挨拶すると、大村は「夏が暑いのは当然です」と答え、「お寒うございます」と挨拶すれば、「寒中はこんなものです」と応えた。

さらに宇和島藩に招かれて国産蒸気船の建造に成功した大村は、藩主を乗せた試験運転の際、船が進み始めたことに興奮した家老に語りかけられた。「村田（大村）、進んでいるではないか」と。大村の返事は「進むのは、あたり前です」だった。家老は思わずムッとしたというが、当然だろう。

現代の医師のなかには、大村が発達障害だったのではないかという所見を述べている人もいるが、そのあたりは、確定的なことは言えまい。ネットスラングでいうところの「コミュ障（コミュニケーション障害）」あたりが妥当《だとう》で、他人とかかわることが苦手だったのかもしれない。

イネとの不倫はフィクション!?

歴史上の人物にまつわる、こうした極端なエピソードは、話が盛られている可能性もあるので、あまり真《ま》に受けるのも考えものだ。大村は豆腐が大好物だったそうで、『花神』でも毎日欠かさず豆腐を食べた設定になっている。しかし、「大村益次郎史料」のなかには本人が食品を購入した記録があって、それによると豆腐だけでなく、カツオ、クジラ、ハマグリ、アワビなども求めていることがわかる。なかなかの美食家ぶりだ。

大村の「豆腐伝説」を広めたのは『花神』ではなく、昭和十九年（一九四四）に刊行された『大村益次郎』という伝記だった。第二次世界大戦のさなかのことで、「陸軍の祖」である大村が美食家では、陸軍の権威（?）に傷がつき、都合が悪かったのだろう。質素倹約と豆腐を愛した人物とした方が、戦意高揚には役立つに違いない。そんな判断が筆をゆがめたのかもしれない。

宇和島に招かれた大村は、そこでシーボルトの娘イネと出会っている。この二人のロマンスが、『花神』の見せ場の一つなのだが、大村には琴という妻がいた。『花神』では、琴は宇和島行きを嫌って同行しなかったことになっているが、実際の琴は宇和島にあとから駆け付けて、夫と同居している。琴が悪妻だったという逸話はほかにもあるが、それは大村の死後、琴と相続問題で争った大村の実弟が吹聴したのが出どころらしい。つまり、大村・琴夫妻の仲は悪くなく、イネとのロマンスも、眉《まゆ》にツバしなければならないのだ。

〈十〉吉田松陰（1830〜1859） 弟子によってつくられた「偉人」

【旧説】維新を成功させた長州藩士を育てた教育者

【新説】「弟子」に仕立て上げられた尊王攘夷の師匠

失敗と挫折の人生

明治維新を主導したのが、薩摩藩と長州藩の志士であったことは疑いのない事実だ。明治維新を一つの体制変革＝革命ととらえるならば、この両藩の志士たちは第一級の功労者ということになる。

長州藩においては、桂小五郎、久《く》坂玄瑞《さかげんずい》、高杉晋作《たかすぎしんさく》、広沢真臣《ひろさわさねおみ》、伊《い》藤博文《とうひろぶみ》、山県有朋《やまがたありとも》、前《まえ》原一誠《ばらいっせい》、品川弥《しながわや》次郎《じろう》らが、その代表的存在だ。その中核となったのは、萩城下にあった私塾「松下《しょうか》村塾《そんじゅく》」で学んだ若き俊秀たちだった。彼らを、明治維新を成し遂げる「志士」に仕立て上げたのは、松下村塾を主宰する吉田《よしだ》松陰《しょういん》（本名吉田寅次郎）だった。つまり、吉田松陰こそ、明治維新を成し遂げた陰の功労者であり、卓抜した教育者でもあったということになる。一方で近年、こうした評価には「見直し」の機運が高まっている。

松陰は、文政《ぶんせい》十三年（一八三〇）に長州藩の下級藩士・杉家の次男として生まれた。薩摩藩の大久保利通《としみち》と同い年。わずか九歳にして藩校明倫館《めいりんかん》の兵学師範となり、早熟な天才ぶりを示す。西欧列強の脅威に対抗するため、尊王攘夷を唱え、脱藩や海外への渡航未遂を繰り返す。そして幕府の弱腰外交に憤激して老中暗殺を計画。斬首に処された。まだ満二十九歳だった。

吉田松陰（国立国会図書館蔵）

藩の命令で自宅に幽閉されていた時期、松陰は叔父の玉木文之進《たまきぶんのしん》が開いた松下村塾の名を継ぐ私塾を開く。しかし、のちに老中暗殺をくわだてるなどの過激な行動に出て投獄されたため、わずか二年ほどで事実上の休眠状態となる。塾生の数には諸説あるが、九十二名と見るのが有力だ。

振り返ってみれば、松陰の生涯は失敗と挫折の連続で、幕府転覆をたくらむほど過激な主張を繰り返したが、その無謀さを懸念する弟子にさえ背を向けられてしまい、結果として達成できたことはほとんどない。人材育成だけが、唯一といっていい松陰の成果なのだ。教え子たちの存在こそが、松陰の生きた証《あかし》であり、ときに「テロリスト」の汚名を着せられる松陰が、幕末の「偉人」の一人として記憶されることになった要因だった。

誰が松陰を「偉人」にしたのか

処刑された段階で、松陰は罪人であり幕府に逆らった賊徒であった。したがって、その遺骸も小塚《こづかっぱら》原の刑場に埋められたままで正式な供養《くよう》もされていない。

ところが、桜田門外の変で大老井伊直弼《いいなおすけ》が暗殺されると、尊王攘夷の気配は燎《りょうげん》原の火のように燃え広がる。幕府の命に従うだけだった長州藩も、松陰門下の俊秀であった久坂玄瑞の意見を受け、藩内を一つにまとめるための旗印として尊王攘夷を掲げるようになる。

その象徴となったのが、過激な尊王攘夷を唱えた結果、非業の死を遂げた吉田松陰だったのだ。

長州藩は松陰の改葬と復権を許可し、生前の著作を出版して藩校教育で使用するなど、松陰の名声を政治利用した。松陰は、長州藩が尊王攘夷を掲げて政治目標を達成するために、いわば地獄から引っ張り出されたのだ。

やがて、明治維新。久坂をはじめ、高杉、入江《いりえ》九《く》一《いち》、吉田《よしだ》稔麿《としまろ》など、多くの松下村塾の元塾生がそれまでに命を落としていたが、それでも新政府高官には、松陰とかかわりの深かった者が並んでいた。伊藤博文のように、幕末にはイギリス公使館を焼き討ちし、幕府関係者を暗殺するなど、まさにテロリストそのものであった人物も含まれている。

彼らは、自らの身の潔白と政治的正しさ、そして明治維新の穢《けが》れなき栄光をアピールするため、自分たちの「師匠筋」にあたり、尊王攘夷の旗頭であった松陰を修身の教科書に登場させるなど、偉人としてまつり上げた。松陰は「つくられた偉人」なのだ。

〈十一〉桂小五郎（1833〜1877）「逃げ」の選択はチャンスをつかむため

【旧説】己が命第一、独特の嗅覚で危険を察知した逃亡者

【新説】敗北を予想、次に勝つため、あきらめない男

新発見史料と桂の腕前

平成二十九年（二〇一七）十月、長州を代表する論客にして政治活動家の桂《かつら》小五郎《こごろう》（のちの木戸《きど》孝允《たかよし》）にまつわる新史料が発見された。桂と坂本龍馬が、江戸の土佐藩邸で開かれた剣術大会で対戦し、三対二で桂が勝利したことを記録した文書だ。この剣術大会の逸話は、小説などではよく取り上げられるものの、信憑性《しんぴょうせい》の高い史料には記録がなかった。そのため、まったくのフィクションだと思われていたのだが、どうやら事実である可能性も出てきたようだ。

龍馬に勝利した桂は、江戸三大道場の一つといわれる九段下の練兵館《れんぺいかん》で剣豪斎藤弥九郎《さいとうやくろう》

の手ほどきを受け、わずか一年で塾頭にまでなった腕前だ。龍馬もまた、北辰一刀流の創始者千葉《ちば》周作《しゅうさく》の弟定吉《さだきち》の桶町《おけまち》千葉道場で剣術を学び、かなりの腕前だったらしいので、勝利した桂は相当に強いはずだ。

にもかかわらず、のちに桂は「逃げの小五郎」という、まことに不名誉なあだ名をつけられることになる。どういうことか。

桂小五郎(『雋傑坂本龍馬』国立国会図書館蔵)

剣術だけでなく、江戸で西洋文明や国際情勢、兵学など当時最先端の学問や情報に接した桂は、長州だけでなく日本全体のあり方や将来について考えを巡らせるようになり、徳川幕府が国政のすべてを牛耳る現状に大いに不満を抱くようになる。そして尊王攘夷を掲げて、幕政に対する批判を強める長州のリーダー的存在へと成長していった。

当然、幕府から見れば「危険人物」だ。その動向は幕府役人の厳しい目にさらされる。

「逃げた」先にあるもの

長州の尊攘派は、まず八月十八日の政変で京都から追い出され、復権のためにクーデターを謀《はか》ったが、池田屋事件で新選組《しんせんぐみ》や会津《あいづ》藩に襲撃・捕縛《ほばく》され、さらに失地回復のために藩兵が京都に押しかけたところ、禁門の変で完全に京都から駆逐され、朝敵とされてしまった。

その間、桂はどういうわけかそのつど、危難を逃れることができ、命を永らえた。ときには鴨川にかかる二条大橋のたもとで浮浪者に変装し、情報収集にあたったこともあった。

そして、禁門の変のあとは、さすがに京都に潜伏するのは危険とみて、但馬《たじま》国（兵庫県）の出石《いずし》に逃れた。探索の目を逃れるため、城崎《きのさき》温泉の旅籠《はたご》に厄介《やっかい》になったり、畳表《たたみおもて》や竹籠などを商う荒物屋になりすましたりして、出石潜伏は実に二百五十日間に及んでいる。その間に、長州は第一次長州征討（幕長戦争）に勝利をおさめ、桂の盟友高杉晋作が藩政の主導権を握っていた。ひたすら逃げまわった桂は、すでにお膳立ての整った長州に意気《いき》揚々《ようよう》と引き揚げたのだ。

「逃げの小五郎」とは言い得て妙だが、単純に運がよかっただけでなく、桂は「生き残る」

ことに積極的な意義を見いだしていたのではないか。当時、武士が「逃げる」ことは明らかに不名誉なこと。それでも生き抜いたのは、確固たる信念があってのことに違いない。

禁門の変のとき、桂は過激な浪士や尊攘派の武力蜂起には反対していた。現段階では勝ち目がないことがわかっていたからだ。しかし、彼らに武器を提供するなどの支援をしようとしていた。桂は幕府に敗れても、一年くらい京都周辺に逃れて再起を図ろうと考えた。

たとえいったんは負けても、幕府に逆らうほどの気概を持つ長州藩士や諸国の浪士を結集することができれば、やがて自分が彼らを束ねて「国家の改造」をすることができる。桂は敗北を乗り越えた先を見越していた。だから、「逃げの小五郎」などという不名誉な呼び方をされても、生き延びるという選択をすることができたのだ。

〈十二〉井上馨（1835～1915）総理になり損ねた維新の功労者

【旧説】財界と深く結びついた金権政治家

【新説】国家経営に肝心な「金勘定」ができた政治家

西郷が「三井の番頭」と呼んだ男

近代政治史を振り返ると、総理大臣一歩手前まで行きながら、その座を逃した人物が何人かいる。もっとも「惜しい」とされるのが、井上馨《いのうえかおる》だ。長州出身の井上は、盟友である伊藤博文や山県有朋《やまがたありとも》とともに、明治維新に大きく貢献した維新の元勲《げんくん》の一人であり、明治に入ってからも外務大臣、大蔵大臣、内務大臣などの要職を経験しながら、ただ一人首相の座につかなかった人物だ。明治三十四年（一九〇一）には、第四次伊藤内閣の崩壊後、組閣の大命を受けたにもかかわらず、かつて自分の部下だった渋沢栄一《しぶさわえいいち》に大蔵大臣就任を拒絶されたことがきっかけで、組閣を断念している。あと一歩のところだったのだ。

井上は財界との結びつきが深く、金権政治の噂《うわさ》が絶えなかったことが、首相の座を逃した最大の理由だといわれている。しかし、発足直後の明治政府は、なかなか税収の安定したシステム構築には至らず、三井《みつい》をはじめとする大商人（のちの財閥《ざいばつ》）の協力が不可欠だった。井上は個人的な信頼関係を軸に、大商人に政府への協力を求めていた。それが「癒着《ゆちゃく》」と批判されたのは事実だが、贈収賄《ぞうしゅうわい》の実態があったかどうかは、明らかではない。

かの西郷隆盛は、ある席で井上に酒を勧めながら「三井の番頭さん」と呼びかけたという。いかにも清廉潔白《せいれんけっぱく》を絵にかいたような西郷らしい逸話だが、その西郷が行った廃藩置県をはじめとする日本の近代化に向けた大改革も、井上のような「金勘定」ができる人間が裏でせっせと資金を調達したからこそできたのも事実なのだ。

井上馨（『世外井上公伝』国立国会図書館蔵）

井上は、のちに立憲政友会を組織する伊藤よりも早く、政党政治の重要性を認めていたため、政党を毛嫌いするほかの元老＝重臣クラスから嫌われていたともいう。

あっさりと「攘夷」を捨てて西欧列強と向き合う

井上馨は、天保六年（一八三五）に萩藩の地侍の子として生まれ、十六歳のときに藩校の明倫館《めいりんかん》で学んだことがきっかけで、藩主の小姓役に抜擢され、さらに尊王攘夷運動にも没頭することになる。

このころ、生涯の盟友となる伊藤博文と行動を共にするようになり、桂小五郎、高杉晋作といった、先輩たちの知遇も得て、高杉らとともに江戸品川御殿山の英国公使館焼き討ち事件など、過激な攘夷行動にも参加した。

文久三年（一八六三）には、藩の許しを得て、伊藤博文らいわゆる「長州ファイブ」の一員としてイギリス留学を果たす。ちなみに長州ファイブとはヨーロッパに密留学した長州藩士を指す。井上、伊藤のほか、遠藤謹助《えんどうきんすけ》、山尾庸三《やまおようぞう》、井上勝《いのうえまさる》の五人である。

このとき、井上は日本を離れてわずか数日で、「攘夷」が不可能であることに気づき、開国をして西欧列強の進んだ文明に学ばなければならないと、あっさりと「宗旨替え《しゅうし》」をして、伊藤から呆《あき》れられている。時代を見る目は確かで、さらに柔軟な思考のできる人物だったのだ。

四カ国連合艦隊による下関砲撃事件に際しては、伊藤とともに急ぎ帰国。得意の英語を生かして戦闘回避を目指し、戦闘勃発後は高杉晋作とともに講和に力を尽くした。その直後、藩内の守旧派「俗論党《ぞくろんとう》」の刺客に襲撃されて瀕死《ひんし》の重傷を負い、九死に一生を得た。

倒幕運動、戊辰戦争でも活躍。明治政府では大蔵大輔《たいふ》として国家財政の構築に奮闘したが、軍事支出の特別扱いを求める大久保利通と対立。配下の渋沢栄一とともに、いったん新政府を去った。

政界復帰後は、外務大臣として条約改正に取り組むなど、幕末から一貫して盟友の伊藤博文に勝るとも劣らぬ活躍をした井上だが、冒頭で触れたように、ついに最高権力者の座には手が届かなかった。それでも、井上が「明治日本」をつくり上げる重要なプレーヤーであったのは、疑いようがない事実なのだ。

〈十三〉高杉晋作（1839～1867）「奇兵隊」の創設者は近代的な平等主義者か

【旧説】農民も多数参加した奇兵隊の創設者らしい平等主義者

【新説】隊内では武士と農民の間に差別もある保守主義者

高杉晋作＝奇兵隊？

「動けば雷電の如く、発すれば風雨の如し。衆目駭然《がいぜん》として敢《あ》えて正視する者なし――」

これは初代内閣総理大臣となった伊藤博文が、かつて同じ長州藩士だった高杉晋作《たかすぎしんさく》を評した言葉だ。高杉の行動はまるで雷や嵐のようで、周囲の者はただ茫然《ぼうぜん》として正視する者もいない――というわけだ。

高杉といえば、奇兵隊《きへいたい》を創設したことで知られている。奇兵隊は武士だけでなく農民なども参加した近代軍の先駆けともいわれ、奇兵隊を擁する長州は幕府軍を退け、その勢いのままに明治維新は成立した。高杉本人は明治維新の前年に病没していたが、その遺志を継いだ者らが明治維新を成し遂げたともいえる。「すなわち、高杉こそ明治維新の原動力だ。しかも身分にこだわらない奇兵隊を創設したのだから、近代的な平等主義者だった！」と、いささか思い入れが強すぎる評価も見かける。

では、果たしてそれは真実だろうか。

奇兵隊は高杉にとっても「厄介」

高杉晋作（『雋傑坂本龍馬』国立国会図書館蔵）

強い意志と激しい行動力を持つ革命児、それでいて先進的で平等主義者ともなれば、高杉が幕末ファンの声援を集めるのも無理はなかろう。自分の内閣を奇兵隊になぞらえた首相もいたほどだ。しかし、奇兵隊は決して「平等」な軍隊ではなかった。

奇兵隊の隊員は、農民出身者が約四十・三パーセント、これに対して武士出身者は四十九・六パーセント。確かに多くの農民が参加してはいるが、全人口の十パーセントにも満たない武士出身者が半数近くを占めているのだから、国民皆兵の近代軍とはずいぶん距離がある。

農民出身者でも、能力次第では部隊長にもなれたが、身分として「武士」になれたわけではない。服装などで明確な区分があったのだ。隊員のなかにも、農民や庶民出身者を低く見るような風潮は存在し、当の高杉本人でさえ、そうした発言をしている。

奇兵隊は確かに強かった。それは、西洋式の歩兵戦術である「散兵戦術」を駆使したからだといわれている。密集した軍隊が、一気に広く散開しながら敵に向かっていく戦い方で、独立心と戦意の強い兵たちが、相当な訓練をしないとできない戦術だが、いったん機能すれば刀や槍の軍隊では歯が立たない。

奇兵隊が誕生したのは文久三年（一八六三）六月。しかし、高杉がその総管の座にあったのは二カ月にも満たない。奇兵隊を精強な軍隊につくり上げたのは、高杉であるはずがない。おそらく彼らを鍛え上げたのは、高杉のあとに奇兵隊の三代目総管となった赤禰《あかね》武《たけ》人《と》や、文久四年以降に隊の実権を握った山県有朋《やまがたありとも》らであろう。

元治元年（一八六四）十二月、高杉は長州藩内のクーデターに成功し、翌年三月、尊王攘夷派が藩の実権を握った。このクーデターの際、山県は高杉の暴走を止めにかかり、奇兵隊も当初は参加しなかった。加勢したのは伊藤博文（当時は伊藤俊輔《しゅんすけ》）が率いる力士隊《りきしたい》などわずかだった。

ところが、戦いが終わった後、自らの実力に自信を持ち始めた奇兵隊は、藩政に口出しをするようになる。高杉はこれに不満を抱き、正式な藩士で組織した干城《かんじょう》隊に奇兵隊を管理させようとした。もはや高杉にとって、奇兵隊は「厄介」な存在になったのだ。

高杉は武士としての誇りと自負を抱いていた。隊内にも武士とそれ以外の人々に厳然とした差別があって、とても現代的な意味での平等主義とはいえない。彼が創設した奇兵隊とは、強大な敵である外国や幕府に勝利するため、やむを得ず、庶民や農民の力を利用したものだったのだ。

〈十四〉久坂玄瑞（1840〜1864）「倒幕」へのアクセルを踏んだ男

【旧説】先走りすぎて身を滅ぼした長州志士

【新説】憤死により後進に倒幕の覚悟を決めさせた志士

思慮の足りない過激な志士だったのか

明治維新に活躍する多くの人材を育てた学校といえば、吉田松陰の松下村塾の名前がまず上がってくる。綺羅星《きらぼし》のごとき塾生のなかでも、師である松陰がもっとも才能や人物を高く評価したのは、高杉晋作と久坂玄瑞《くさかげんずい》だ。この二人を人は「村塾の双璧《そうへき》」と呼び、さらに入江九一《いりえくいち》、吉田稔麿《よしだとしまろ》を加えて「松門四天王」とも称された。松陰の妹・文を妻としていることからも、いかに松陰が彼を買っていたかがわかるだろう。

久坂には「過激な尊攘志士」というイメージが付きまとう。当時、身分や藩を越えて行動する志士と呼ばれる活動家は、ほぼ例外なく尊王攘夷を口にしていた。

中央公園に立つ久坂玄瑞進撃像（山口県萩市）

吉田松陰は、尊王攘夷を主張するだけでは偽物《にせもの》で、実際の「攘夷行動」が伴わなければならないと主張。それを邪魔する役人や政治家を激しく非難した。久坂は松陰の過激な一面を継承し、最後には禁門の変を引き起こし、長州藩が朝廷から「朝敵」指定を受けるという危機的な事態を招いたとされてきた。言っていることは正しいが、考えが浅く、直情径行にすぎるというレッテルが、久坂にはついて回る。

しかし、本当に久坂は単なる過激な活動家だったのか。

明治維新の本当の先駆け

安政の大獄で吉田松陰が処刑されると、久坂はその遺志を継ぐ決意を明らかにし、藩の枠組みを超えて国事に奔走する。とくに文久元年（一八六一）、江戸にいた久坂は長州と薩摩、そして土佐という西日本の実力者である三藩が結合して国難にあたるべきだと訴え、薩摩の樺山三円《かばやまさんえん》、土佐の武市半平太《たけちはんぺいた》（瑞山《ずいざん》）がこれに応じたことは重要だ。のちの薩長同盟、薩土盟約へとつながる歴史の流れは、早くもこの時に準備されていたのだ。

翌文久二年、久坂は萩を訪れた坂本龍馬に、武市宛の手紙を託した。その内容は激越だ。「諸侯たのむに足らず、公卿たのむに足らず、草莽《そうもう》の志士を糾合《きゅうごう》するほかに策はない」「尊藩（土佐）も弊藩（長州）も滅亡しても大儀ならば苦しからず」

幕藩体制や当時の身分制度などを、根こそぎ覆すかのようなラディカルな発言だ。この手紙は、メッセンジャーとして預かった龍馬にも大きな影響を与えたといわれている。とくに松陰から引き継いだ「草莽崛起《そうもうくっき》」、すなわち名もなく身分も低い「草莽」が立ち上がって国難を救うのだというイデオロギーは、強烈な印象を龍馬に残した。のちに龍馬は土佐藩を脱藩し、藩の垣根を越えて多くの志士と交わり、薩長同盟、大政奉還などの偉業を成し遂げたとされる。

久坂が松陰から受け継ぎ、さらに拡張・拡散させたメッセージは、いわば明治維新の先駆けとなったといえるだろう。

文久三年、朝廷内で勢力を伸ばしていた三条実美《さんじょうさねとみ》ら攘夷急進派の公家と長州藩に対して、薩摩・会津藩が八・一八政変を起こし、長州藩ら攘夷急進派は京都から追放され、久坂も帰国を余儀なくされる。捲土重来《けんどちょうらい》を期して藩兵を率いての上京を計画するが、禁門の変で敗北。久坂も命を落とした。

こうした久坂の働きと非業の死を受けて、桂小五郎や高杉晋作といった実力者たちは覚悟を決めた。幕府による長州攻めをなんとかしのぎ、やがて倒幕への階梯《かいてい》を上がって行くことになる。彼らと、薩摩を後ろ盾《うしろだて》とする龍馬が手を結ぶことで、倒幕＝明治維新へと続く道筋ができたと考えるならば、そのロードマップを書いたのが吉田松陰、最初にアクセルを踏んでスタートを切ったのが久坂だったといえるのではないか。

〈十五〉伊藤博文（1841〜1909）　脇役から主役になった初代首相

【旧説】先輩格にあたる桂・高杉について回る「脇役」

【新説】薩長同盟の下地づくり、藩内で倒幕を主導する「主役」

「人」に恵まれた人生

伊藤博文《いとうひろぶみ》の父は、林十蔵という周防《すおう》国熊毛《くまげ》郡束荷《つかり》村（現在の山口県光市）の農民だった。博文が十三歳のとき、破産して萩に働きに出ていた父が、跡取りがいない主人・伊藤直右衛門の養子に迎えられた。直右衛門は仲間《ちゅうげん》もしくは足軽と呼ばれる下級武士だったが、農家の倅《せがれ》にすぎない博文の未来が開けた。

博文は、やがて長州藩の命令で江戸湾の警備に駆り出されるが、そこで上司となった来《く》原良蔵《はらりょうぞう》に目をかけられ、その推薦で吉田松陰の松下村塾に入塾する幸運を得た。来原はのちに義兄となる木戸孝允《たかよし》にも博文を紹介してくれた。

伊藤博文（『幕末・明治・大正 回顧八十年史』）

幕末の長州を代表する人物といえば、吉田松陰、木戸孝允、高杉晋作の名がまず挙がるだろう。彼らはみな博文の才能や人柄を愛し、その後《うし》ろ盾《だて》となってくれた。松陰は、博文がすぐれた「周旋家＝交渉役」になるだろうと予言した。当時、尊王攘夷の志士は藩の境を越えて広く交流し、社会変革のために連携する機運が満ちていた。周旋家というのは、その才能があるということで、相当な褒め言葉だろう。

のちに博文は、木戸の「手《て》付《つけ》」という使用人の立場で諸国の志士と交《まじ》わり名を上げたが、本人の回想によれば、木戸は兄弟のように博文に接してくれたという。博文は、実に「人」に恵まれた男だったのだ。

脇役から主役に躍り出る

博文は、松陰が提唱する過激な攘夷思想にも強く感化された。松陰の多くの弟子は、師の思想や人柄に傾倒しながらも過激な攘夷実行には及び腰だったが、博文は文久二年（一八六二）に、高杉晋作らによるイギリス公使館焼き討ち事件に参加し、さらにその数日後には、同じ長州出身の山尾庸三《やまおようぞう》とともに国学者・塙《はなわ》次郎を斬殺している。幕府の命を受けた塙が、天皇を退位させるための研究をしているとの誤情報を信じての犯行だった。ちなみに、日本の総理大臣で、自らの手を使い戦場以外で人を殺《あや》めた経験があるのは、博文だけだ。

松陰の過激な攘夷思想を素直に受け取り、兄貴分である木戸や高杉についてまわる博文の姿は、あまり主体性のない脇役のように見えるかもしれない。しかし、博文は自らの力で脇役から主役へと上り詰めることになる。

文久三年、博文は同僚の井上馨に誘われて、イギリスに密航する。博文や井上ら五人の長州藩士は、公金横領まがいの方法で渡航資金を工面してイギリスに渡航。のちに長州ファイブと呼ばれる彼らは、首相となった博文、明治政府の元勲となった井上馨のほか、造幣の父（遠藤謹助）、工学の父（山尾庸三）、鉄道の父（井上勝）と謳《うた》われるように、明治の文明開化を支える柱石となった。

当初は数年のイギリス滞在を予定していた博文と井上は、攘夷実行を目指す長州藩が、四カ国連合艦隊の報復攻撃を受けるとの知らせを受け、急遽《きゅうきょ》、帰国。四カ国との講和のために奔走した。

やがて、元治元年（一八六四）十二月、高杉晋作が藩の主導権を握るために挙兵した。この功山寺《こうざんじ》挙兵には、高杉が創設した奇兵隊でさえ協力をためらったが、博文は力士隊を率いて参加。クーデターを成功に導いた。その後、博文は長崎に出張し、薩摩藩家老の小松帯刀《たてわき》や、土佐の脱藩牢人で当時は薩摩藩士として活躍していた坂本龍馬らと交わり、武器の購入など交易に従事した。こうした動きが、薩長の連携へと結びついたことはいうまでもない。

つまり、長州ファイブとしての渡英は「文明開化」を準備し、功山寺挙兵の加勢は長州藩の「倒幕」を導き、長崎での交易は「薩長同盟」の下地をつくったことになる。脇役からスタートした博文は、明治政府の根幹をつくり上げ、いつしか自らも幕末維新の主役へと躍り出たのだ。

〈十六〉武市半平太（1829～1865） 藩内抗争に翻弄された土佐の志士

【旧説】藩の近代化に反発し、武市は推進役の吉田東洋を暗殺

【新説】東洋反対派の後押しがあり、武市は暗殺を実行

跳梁する武市と土佐勤王党

坂本龍馬の親戚にして兄貴分、そして「土佐勤王党」の領袖《りょうしゅう》として、一時は尊攘志士の代表格でもあったのが、武市《たけち》半平太《はんぺいた》だ。武市は土佐での剣術修行ののち、江戸三大道場のひとつ鏡心明智《きょうしんめいち》流《りゅう》の桃井春蔵《もものいしゅんぞう》道場「士学館」に入門。たちまち頭角を現し塾頭として指導する側に回る。当時の剣術道場は、自らの力で時代を動かそうと志す志士たちのたまり場だった。いつしか武市は、尊王攘夷思想を鼓吹する若手論客のリーダーとなった。

文久元年（一八六一）、武市は江戸で有志を募り、土佐勤王党を旗揚げする。天皇と土佐藩主山内家をもりたて、神の国である日本を野蛮な外国人から守るとの志を掲げる結社だった。薩長の連携に尽力した土方久元《ひじかたひさもと》や天誅組《てんちゅうぐみ》に参加した吉村虎太郎《よしむらとらたろう》ら、のちに志士として活躍する人物が名をつらね、当時はまったく無名だった龍馬も参加していた。

土佐藩主の山内容堂は、十三代将軍徳川家定の「後継者問題」と、ペリー来航以来の「開国問題」をめぐり、「一橋派」として活動したが、大老・井伊直弼《いいなおすけ》の剛腕に敗れ、隠居を余儀なくされた。しかし、土佐藩政に隠然たる影響力をもつ容堂は、激動の時代にふさわしい藩政改革を目指して吉田東洋を仕置役《しおきやく》（参政）に抜擢《ばってき》する。吉田は後藤象二郎、福岡孝弟《たかちか》ら門弟を重用して、旧来の藩の政治システムを一掃する大改革を断行。富国強兵を掲げる吉田は、開国と貿易によって土佐の近代化を進めようとしていたのだ。

横浪黒潮ライン中程に立つ武市半平太こと瑞山像（高知県須崎市）

強く反発したのが、武市ら土佐勤王党だった。復古主義的な「勤王」と「攘夷」を掲げる彼らからすれば、吉田の政治改革は時勢にそぐわず、外国にこびる許しがたいものだった。武市は吉田に意見するが、ことごとく無視される。日本国中に尊王攘夷の嵐が吹き荒れ、志士たちが開国を進める幕府を激しく攻撃していた。時勢に乗り遅れることを恐れた武市は、ついに吉田東洋を暗殺する。

実は、事件の背後には、藩内の派閥抗争があったらしい。吉田の開化政策に反対し、容堂にも反感を抱く門閥重臣層が、武市らを焚《た》きつけ犯行に向かわせたのだ。この事件を皮切りに、武市と土佐勤王党は土佐藩政を主導するようになる。土佐藩を背負った武市は、京都政界でも中心的な存在に躍り出る。

武市は「天誅」と称する人斬りを政治的に活用した。天誅は政治的な「悪」を、「天」が斬ったというロジックで暗殺を正当化するものだ。政敵を葬り去るだけでなく、その恐怖で反対派を黙らせるという陰湿な政治手法といえる。

武市の挫折と敗北

ところが、土佐藩政に復帰した容堂の存在が重くのしかかる。武市は容堂に建言書を提出し、自らの意見を具申する。しかし、文久三年九月、武市は入牢《じゅろう》を命じられる。その前月、京都で八・一八政変が起き、急進的な尊王攘夷派の長州や三条実美《さねとみ》らが失脚したことが引き金となったのだろう。武市は一年九カ月にも及ぶ厳しい尋問《じんもん》を経て、切腹を命じられた。

しかし、武市の処罰理由は実に不可解なものだった。吉田東洋殺害などの人斬りには触れず（証拠不十分？）、京都の公家や容堂に立場をわきまえずに自説を吹き込んだのが不届きだというのが、主たる理由だった。

武市の人斬りは、けっして私欲に駆られての行動ではない。独善的ではあったが、土佐藩のため、土佐藩の意志として手を汚したという側面もあった。京都政界で急進的な尊攘派が力を失ったため、土佐藩における武市の立場も悪くなったともいえる。武市は、土佐藩内のパワーバランスに翻弄《ほんろう》されて出世をし、最後は命を奪われたといえるだろう。

〈十七〉岩崎弥太郎（1834〜1885）　財閥の祖となった「龍馬のライバル」

【旧説】龍馬の海援隊の遺志を引き継ぎ、三菱を創業

【新説】旧土佐藩の海運事業の継承により、三菱が誕生

土佐藩の下級藩士から三菱財閥の祖へ

岩崎弥太郎《いわさきやたろう》は、三菱《みつびし》財閥の礎《いしずえ》を築いた明治期を代表する商人のひとりだ。

土佐藩の下級藩士の子として生まれた弥太郎は、その才能と抜群の勝負勘、そして剛腕ともいわれる押しの強さで藩の貿易事業を一手に引き受ける立場に出世した。そして、出張先の長崎で同郷の坂本龍馬とも交流を持ち、「世界の海援隊《かいえんたい》」を目指した龍馬の遺志を引き継ぐかたちで、三菱を創業。ついに日本を代表する実業家にのし上がったとされている。

しかし、小説やドラマなどで描かれる弥太郎像には、誤解されている部分が少なくない

と、現在では考えられている。実際の弥太郎は、どのような人物だったのだろうか。

龍馬の後継者という誤解

岩崎弥太郎と坂本龍馬は、ともに土佐藩の出身。海運・貿易業に取り組み、世界を股《また》にかける商人として、海外に雄飛することを志したという点でも共通するとされている。しかし、二人が幼なじみだったというのは、司馬遼太郎の『竜馬がゆく』がつくったフィクションであり、弥太郎が龍馬にライバル心をいだき、そのあとを追うように商売の道に進んだというのも、事実ではない。

上江ノ川公園に立つ岩崎弥太郎像(高知県安芸市)

弥太郎は、土佐藩の藩政改革を主導する家老の吉田東洋に見いだされて藩の役人となり、藩の対外貿易を担う長崎に派遣される。しかし、吉田東洋が反対派に暗殺されたため、出世の道は閉ざされてしまう。やがて藩内の政治抗争に勝利した吉田の甥《おい》後藤象二郎が藩政の主導権を握ったため弥太郎も復活を遂げ、藩の出先機関である長崎土佐商会の責任者に抜擢される。

そのころ、坂本龍馬は長崎で海援隊を組織していた。かつて土佐藩を脱藩した龍馬は、当時は薩摩藩を後ろ盾として活動していたが、海援隊自体は土佐藩の外郭団体だったので、弥太郎は海援隊の資金繰りや、他藩や外国とのトラブルの後始末に苦心していた。

海援隊に所属する「いろは丸」が、紀州藩船と衝突して沈没した「いろは丸事件」では、弥太郎も紀州藩との賠償交渉を行っている。このとき、海援隊が得た多額の賠償金を弥太郎が密《ひそ》かに懐《ふところ》に入れ、のちに三菱創業の資金に使ったという俗説があるが、現在では「冤《えん》罪《ざい》」であることがわかっている。

龍馬は国事に奔走していたため、弥太郎と同時期に長崎にいたのはわずか数カ月で、両者が深いかかわりを持ったという記録もない。龍馬は慶応三年（一八六七）十一月に暗殺されたが、当時の弥太郎の日記には特段の記述はない。

そして、時代は大政奉還、明治維新へと進んでゆく。弥太郎はこうした政治変動とはあまりかかわることなく、長崎で藩の貿易事業を続けていたが、やがて廃藩置県で土佐藩が消滅。後藤象二郎や板垣退助の依頼を受け、民間人としてその事業を引き継ぐことになった。三菱の誕生だ。

その後、三菱は内外のライバル会社との競争に勝ち抜き、弥太郎も政治家と結びついて事業を拡大する「政商」と呼ばれたが、実際には弥太郎の「味方」となる政治家は、幕末の長崎で交流があった肥前出身の大隈重信《おおくましげのぶ》くらいで、政府中枢はむしろライバルの三井や渋沢栄一と手を組み、三菱の海運業独占を阻《はば》もうとしていた。

また、弥太郎は三菱の全権を握る独裁者というイメージが強いが、一方で社員に賞与を出すなど会計の近代化を図り、慶應義塾出身の若者を次々と抜擢するなど、人材の登用にも熱心だった。

弥太郎は、太陽のごとき龍馬の陰に隠れた「月見草」ではなく、政治と結託して利益を追求するだけの強欲資本家でもなかったのだ。

〈十八〉坂本龍馬（1835〜1867）維新の「影の立役者」は真実？

【旧説】脱藩浪士でありながら、明治維新を成し遂げたヒーロー

【新説】薩長同盟締結の立役者をはじめ偉人ぶりはフィクション

龍馬の偉業は演出過多？

土佐藩を脱藩した一浪士の身であるにもかかわらず、犬猿の仲だった薩摩と長州に手を握らせることに成功。さらに将軍徳川慶喜《よしのぶ》に大政奉還を決意させ、ついに徳川幕府を倒して明治維新を成し遂げた――。坂本龍馬の、まさに痛快きわまる生涯だ。しかも非業の死を遂げたことで、「悲劇のヒーロー」という味付けも加わり、現在の不動の人気に結び付いたのだろう。

ところが近年、それは龍馬の「虚像」ではないかとの見方が広がってきている。

龍馬といえば、日本最初の商社といわれる亀山社中《かめやましゃちゅう》（のちに海援隊）を長崎に設立したと

されている。薩摩と長州の仲立ちも、この亀山社中が薩摩藩名義で外国から武器や軍艦を購入し、ひそかに長州に提供したことで成功したといわれてきた。

亀山社中は、神戸海軍操練所が閉鎖に追い込まれたとき、薩摩がその元生徒たちをスカウトして設立した。しかし、実は発足時、龍馬は長崎にはいなかった。もちろん、創立メンバーにも入っていない。

長州藩が薩摩藩を介して武器を購入したやりとりも、長州の伊藤博文と井上馨《かおる》が長崎の薩摩藩屋敷で小松帯刀《たてわき》に「名義借り」を頼み実現したというのが真相で、龍馬が介在した形跡はない。

坂本龍馬(『土佐の勤王』国立国会図書館蔵)

薩長同盟を成し遂げたというのも、正確ではない。薩摩と長州は犬猿の仲ではあったが、この両藩が手を組めば、時代の危機を打開する切り札となることは、多くの識者が理解していた。実際に両藩の間に立って交渉を進めたのも、土佐藩の中岡慎太郎や土方久元が中心だった。

当時、第二次長州征伐の失敗により、幕府と薩長の間で内戦が起きる可能性が高まっていた。そこで龍馬は、徳川幕府が平和裡《へいわり》に政権を朝廷に返上し、新たな政治体制を構築するよう、「船中八策《せんちゅうはっさく》」と呼ばれる政権構想を打ち出した。この構想は土佐藩家老の後藤象二郎を通じて徳川慶喜のもとに達し、慶喜はついに大政奉還を決意したとされている。

しかし、これも龍馬びいき、演出過多の歴史像のようだ。そもそも大政奉還の構想は、その数年前から幕臣の大久保《おおくぼ》一翁《いちおう》や越前藩主の松平春嶽《しゅんがく》、長州藩士の木戸孝允《たかよし》が唱えていて、同時代の「常識」的な考えだった。また、「船中八策」は原本も写本も現存せず、龍馬が京に向かう船のなかで考案したとの逸話も、後世になって創られた「物語」らしい。

しかも、当時の龍馬は薩摩藩士として活躍していたとの状況証拠があり、脱藩浪士にすぎなかったとの見方も、再検討する必要がある。

誰が龍馬を偉人にしたか

龍馬の偉人ぶりを示す逸話は、なぜ創られたのだろう。

重要なポイントは、明治初期、龍馬はそれほど有名人ではなかったという事実だ。広く知られるようになったのは、明治十六年（一八八三）に刊行された『汗血千里駒《かんけつせんりのこま》』や、明治二十九年に刊行された『阪本龍馬』といった、いわゆる「龍馬物語」がきっかけだった。前者の著者坂崎紫瀾《さかざきしらん》は土佐出身の新聞記者・作家で、自由民権運動にも深く関係していた。後者の著者弘松宣枝《ひろまつのぶえ》は、龍馬の姉千鶴の孫だった。

明治維新の中心となったのは、薩摩・長州・土佐・肥前藩だが、明治十年ごろになると土佐藩出身の政治家は次々と政界から去り、自由民権運動に身を投じるようになる。薩摩や長州の後塵《こうじん》を拝すようになった彼らは、維新の偉業が薩摩と長州だけの手柄として扱われるのに不満を抱く。そこで彼らは龍馬に着目した。土佐の龍馬がいたから薩長同盟も明治維新も実現したのではないか。土佐を軽んじるな！　彼らの鬱屈《うっくつ》した思い、薩長藩閥政府への反感を背景に、英雄龍馬像は肉付けされていった。

もちろん、龍馬が何もしなかったわけではない。しかし、その死からすでに百五十年以上が過ぎ、そろそろ虚飾を取り払った真実の龍馬と向き合ってもよいのではないか。

〈十九〉板垣退助（1837〜1919）人生を戦いに捧げた土佐の武闘派

【旧説】自由と民主主義を唱えた民権運動の闘士

【新説】戊辰戦争に政府内の権力闘争にもひるまない武闘派

自由民権運動の旗頭は、実は武闘派？

「板垣《いたがき》死すとも自由は死せず」

歴史上の人物の残した名言として、ベストテンに入るのではないか。それくらいよく知られた板垣のセリフだ。自由民権運動を推《お》し進め、全国を遊説していた板垣退助《たいすけ》が、岐阜で暴漢の襲撃を受けた際に発した言葉といわれている。実際には「自由ハ永世不滅ナルベキ」と語ったらしいが、いずれにせよ、薩長藩閥政府の専横に反対し、自由と民権のために命を惜しまず行動した板垣の生きざまを象徴する、歴史に残る名ゼリフであるのは間違いない。

板垣と言えば、自由を求め、議会制民主主義を日本に定着させた功労者といったイメージが強いが、実のところ、板垣はそもそも生粋《きっすい》の「武闘派」であり、その生涯は「闘争」によって彩られていた。

戊辰戦争の軍事的英雄

もともと板垣は明治政府の一員であり、明治維新を成し遂げた維新の元勲でもあった。

板垣は、天保八年（一八三七）に土佐藩士・乾《いぬい》正成《まさしげ》の嫡男として生まれた。乾家は、武田信玄の重臣板垣信方《いたがきのぶかた》の子孫といわれる、石高三百石の名家だった。前藩主山内容堂の側役に抜擢されて頭角を現した板垣だが、土佐藩内では反主流だった尊王攘夷論者で、思想的には容堂によって弾圧された武市半平太率いる土佐勤王党と近いくらいだった。

そんな板垣だが、江戸で西洋軍学を学んだのち、京で同郷の谷干城《たにたてき》や中岡慎太郎ととも

高知城追手門そばに立つ板垣退助像（高知市）

に薩摩藩代表の小松帯刀《たてわき》や西郷隆盛と会見。薩摩と土佐が手を組んで倒幕に向かうという「薩土密約」に参加した。これはのちの「薩土盟約」に先立つものだが、おそらく口約束程度のものだと思われる。板垣は一貫して武力討幕を主張していたため、土佐藩内では煙たがられていたが、薩摩や長州の受けはよかったのだ。これを手土産《てみやげ》に帰国した板垣は、藩の軍制改革を行い西洋式の軍制に改め、いつのまにか土佐藩の軍事指導者の立場になっていた。

京都政界では、大政奉還、王政復古クーデターなどが矢継ぎ早に行われ、新政府が成立。鳥羽・伏見の戦いを皮切りに、旧幕府と親幕府派の藩を討伐する戊辰戦争へとなだれ込んだ。板垣は、六百の土佐藩兵を率いて新政府軍に参加。官軍の将官として、各地を転戦した。

東山道先鋒総督府《とうさんどうせんぽうそうとくふ》参謀となった板垣は、新選組局長近藤勇《こんどういさみ》を旗頭とする甲陽鎮撫隊《こうようちんぶたい》を甲州勝沼《かつぬま》戦争で撃破。このとき、甲斐《かい》(山梨県)にゆかりの深い板垣姓に戻し、敵方の懐柔《かいじゅう》に役立てたという。その後も板垣は、奥羽越列藩同盟の諸藩との戦いに戦功をあげた。特に、会津戦争では会津攻略に最も功績があったと認められ、西郷隆盛らとともに三百両の太刀料を賜っている。

つまり、板垣とは戊辰戦争の英雄であり、軍事カリスマだったのだ。

その後、明治政府の一員となった板垣は、岩倉具視《ともみ》、大久保利通ら岩倉使節団の外遊中に起きた征韓論問題で政治的敗北を喫し、明治政府を離れることになる。近年の研究では、実は幕末からすでに一部で唱えられていた征韓論を改めて強く主張し、西郷を征韓派に引き込んだのは板垣だという説もある。

野に下った板垣は、前述のように自由民権運動の闘士となるが、その行動の底には、明治政府を牛耳っていた薩摩と長州に対する反発があったといわれている。つまり、板垣は言論による権力闘争を仕掛けたわけだ。

その後、板垣は伊藤博文と大隈重信の内閣で二度、内務大臣を務めて政界を去った。権力の座に執着がなかったからだともいわれるが、それが根っからの武闘派の限界だったのかもしれない。

〈二十〉吉村虎太郎（1837〜1863）「討幕の先駆け」となったのか

【旧説】天誅組を組織し挙兵、討幕の先駆けとなった

【新説】攘夷の実行は訴えたが、討幕までは目的としていない

見直されてきた「討幕」

徳川幕府は、薩摩と長州を中心とする武力による幕府打倒を目指した討幕派によって倒された。一般的にはこのように理解されている。しかし、問題はこの「討幕（あるいは倒幕）」という言葉で、近年の幕末維新史研究では、薩摩にしても長州にしても、武力討幕を明確に目指すのは、かなりあとになってからで、元治元年（一八六四）の禁門の変や、慶応二年（一八六六）のいわゆる薩長同盟の段階では、まだ討幕を方針として掲げている藩はなかったことが明らかとなっている。

「長州征討」によって、長州と幕府は交戦状態にあったが、長州藩の方針は幕府の攻撃を受けたら抗戦するという「抗幕」であって、幕府を倒して新たな政権をつくろうということまでは考えていなかったのだ。

ちなみに、単に幕府という政治組織・体制を無効にしてしまうことを倒幕と総称し、武力を用いてそれを実現することを討幕と表現するのが一般的だ。

天誅組は討幕の先駆けか

従来、「討幕の先駆け」として評価されてきた事件が、天誅組《てんちゅうぐみ》の変だ。天誅組とは、公《く》卿《ぎょう》の中山忠光《なかやまただみつ》を主将に諸藩の志士たちで構成された尊王攘夷派の武装集団で、大和《やまと》国（奈良県）で挙兵するが、幕府軍の追討を受けて壊滅した。天誅組には土佐藩出身者が多かった。そのリーダー格で天誅組の三総裁の一人となったのが、吉村虎太郎《よしむらとらたろう》だ。

故郷の津野町に立つ吉村虎太郎像（〈公財〉高知県観光コンベンション協会提供）

吉村虎太郎は、土佐の津野山郷《つのやまごう》（高知県高岡郡津野町・檮原町《ゆすはらちょう》）の庄屋の息子で、武市半平太や武市の右腕だった間崎哲馬《まさきてつま》（滄浪《そうろう》）らの影響で尊王攘夷思想に目覚め、武市が結成した土佐勤王党にも参加したようだ。しかし、土佐藩としてまとまった行動を目指す武市のもとを離れ、文久二年（一八六二）に脱藩した。坂本龍馬は、吉村の脱藩に影響を受けて自らも脱藩の道を選んだという。

薩摩藩の過激な尊攘派志士が粛清《しゅくせい》された寺田屋事件の際、吉村は彼らとともに挙兵計画に加わっており、土佐藩に引き渡されて国元に送還。獄《ごく》につながれるが、釈放されると再度脱藩し、幕府に攘夷を実行させるべく政治活動に携わった。

やがて攘夷派の公卿たちが、孝明天皇の大和国行幸と神武《じんむ》天皇陵参拝の計画を立てる。攘夷実行を幕府に約束させるための実力行使だった。吉村は尊攘派の公卿中山忠光を担ぎ出し、松本奎堂《まつもとけいどう》、藤本鉄石《ふじもとてっせき》ら同志とともに兵を集め、大和行幸に先駆けて大和での挙兵をくわだてた。天誅組の結成だ。

天誅組は文久三年八月十七日に大和に入り、五條代官所を襲撃して代官を殺害した。しかしその翌日、京都では八月十八日の政変が勃発。長州は京都から追放され、大和行幸を計画した三条実美《さんじょうさねとみ》ら尊攘派の公家も失脚した。天誅組は孤立し、やがて幕府の命を受けた諸藩の討伐軍に攻め込まれて崩壊。吉村も九月二十四日に、潜伏中のところを発見され、二十七日に射殺された。

従来、吉村ら天誅組の行動は、攘夷実行と討幕を目的とした挙兵とされてきた。しかし、彼らの言動を記した史料にあたるかぎり、「討幕」を明確に記したものは存在しない。彼らが実際に掲げていたのは、天皇の権威を復活させて、その威光を背景に攘夷を実行することで、具体的には幕府が諸外国と結んだ安政五カ国条約を破棄し、その後の対外戦争に先頭を切って参加するということなのだ。つまり、過激な尊攘派の志士が京都などで行った要人暗殺＝天誅を大規模化したものが、彼らの目標だったとも言える。

天誅組の行動は伝説として人々の記憶に定着し、「義挙」と称賛された。その裏には、幕府を倒して明治維新を成し遂げたかつての志士たちが、吉村ら天誅組を持ち上げることで、結果として自分たちの行動を正当化したいという政治的意図が透《す》けて見えるのだ。

〈二十一〉中岡慎太郎（1838〜1867）龍馬を超えた幕末の黒幕

【旧説】龍馬のよき相棒であり、龍馬とともに京都で暗殺された

【新説】薩長同盟をはじめ龍馬の偉業の多くは中岡の功績

「付け足し」のように扱われる中岡の死

慶応三年（一八六七）十一月十五日の夜、坂本龍馬が殺害された。このとき龍馬と同じ土佐藩出身の志士、中岡慎太郎《なかおかしんたろう》も同時に殺害されたが、言葉は悪いが、中岡の死は「付け足し」のように扱われてきた。

幕末のさまざまな政治局面に目を向けると、中岡が実に多くの場面に登場していることに気づく。幕末を代表する周旋家と言えば龍馬が有名だが、むしろ、その名は中岡にふさわしい。「龍馬の偉業」とされる薩長同盟実現も、実は中岡の地道な努力によるところが大きい。薩摩と長州に手を組ませようと最初に動いたのは、筑前福岡藩の志士たちだった。

そのひとりである早川勇《はやかわいさむ》（養敬《ようけい》）は、のちに「薩長の問題についてハデなことは龍馬がしたが、もっとも苦心したのは中岡だった」と語っている。

幕末のフィクサーとしての活躍

天保九年（一八三八）、中岡慎太郎は土佐国北川郷の大庄屋の長男として誕生した。十七歳のときに、土佐藩における尊王攘夷運動のオピニオンリーダーとして知られる武市《たけち》半平太（瑞山）の道場に入門し、その数年後には武市が組織した土佐勤王党に加わり、同じような経歴をたどった三歳年上の坂本龍馬のあとを追うように、志士の仲間入りを果たす。

中岡慎太郎（国立国会図書館蔵）

中岡は京都で土佐藩首脳陣の乾《いぬい》退助（のちの板垣退助）と意気投合。中岡と板垣は、幕府を倒さなければ新たな国づくりはできないと考え、かなり早い段階から討幕を意識していた。

板垣と盟友関係となった文久三年（一八六三）、中岡は脱藩して長州に逃れた。もちろん、桂小五郎、久坂玄瑞、高杉晋作といった長州の同志たちとの連携が目的だった。この年、京都で八月十八日の政変が勃発。会津と薩摩が手を組んで、過激な尊王攘夷を唱える長州藩士や三条実美《さねとみ》ら七人の公家を京都から追放。七人の公家は長州に逃れた（七卿落ち）。中岡は長州で三条らと出会い、七卿に従っていた同じ土佐藩出身の土方《ひじかた》久元らと合流する。

この事件以来、薩摩・会津と長州とは対立関係となったが、その裏で、西国雄藩の長州と薩摩が和解して手を組むことで、新たな政治体制をつくるべきだという動きも見え始める。最初に薩長連携に乗り出したのは、福岡藩士の早川勇、月形洗蔵《つきがたせんぞう》らであった。

中岡や土方はこの動きに賛同し、薩長両藩の橋渡しに奔走した。当時、龍馬は勝海舟が設立した神戸海軍操練所や勝（私）塾が閉鎖となり、薩摩藩の庇護《ひご》下にあった。この薩摩の力を背景に、あるいは薩摩藩士として龍馬が薩長連携に参加したのは、慶応元年（一八六五）になってからで、中岡より遅い。また、中岡が目指したのは薩長連携による討幕、龍馬の目標は、徳川家も一諸侯とする大名連合による新政権樹立と、両者の間には微妙な違いもあった。

慶応二年（一八六六）に薩長同盟が成立すると、討幕を目指す中岡は、失脚して京都郊外に隠棲《いんせい》していた岩倉具視のもとを訪ね、かつて岩倉と敵対関係にあった三条実美との仲立ちを図った。さらに盟友の板垣退助らと連携し、薩摩と土佐の軍事同盟である薩土密約を実現した。三条・岩倉の連携によって、明治元年（一八六八）の鳥羽・伏見の戦い以後の新政府の政権運営は成功し、また薩土盟約のおかげで、薩長に出遅れた土佐藩は「官軍」として戊辰戦争に参加することができたのだ。

すでに中岡は、龍馬とともに命を落としていたが、明治維新に果たした役割の大きさを比べれば、さて、どちらが上だろうか？

〈二十二〉江藤新平（1834～1874）揺れ動く人物評価の真相

【旧説】大久保の独裁政治に反発し、処刑された民主政治家

【新説】西洋に勝つために「君主独裁」を目指した政治家

士族反乱の首謀者？　それとも民主的な政治家？

士族反乱とは、明治維新後の近代化政策によって、既得権益を失った旧士族＝武士たちが起こした反乱を指す。その一つである「佐賀の乱」の首魁《しゅかい》として捕縛され、明治政府のトップである大久保利通によって処刑されたのが、江藤新平《えとうしんぺい》だ。江藤が釈明の機会も与えられず、急ごしらえの裁判で死刑判決を下された時、大久保は「江藤醜《しゅうたい》態笑止なり」と日記に書いている。

江藤と大久保は、激しく対立する敵対関係にあった。大久保は「有司《ゆうし》専制《せんせい》」、すなわち藩閥政治家が強力なリーダーシップを発揮する独裁的な政治を志向していた。一方、江藤は

かつて司法卿として日本の司法制度の確立に力を尽くした、民主的な政治家として語られる。

最後まで手放さなかった尊王攘夷思想

江藤新平（国立国会図書館蔵）

佐賀藩の下級武士の子として生まれた江藤は、青年期に国学者・枝吉神陽《えだよししんよう》が結成した「義祭同盟」に参加。副島種臣《そえじまたねおみ》・大木喬任《おおきたかとう》・大隈重信・島義勇《しまよしたけ》らと切磋琢磨《せっさたくま》した。佐賀藩は、藩主の鍋島閑叟《かんそう》が先進的で英邁《えいまい》な人物だったが、健康問題もあって薩摩や長州、土佐のように幕末の政局に果敢に打って出ることができず、様子見をしてしまったために彼らの後塵《こうじん》を拝することになった。

江藤は、新たな藩主となっていた鍋島直大《なおひろ》に随行して京都に上り、次いで江戸に向かい、無血開城をした江戸城に入り、幕府の関係書類を接収した。このときの経験が、のちに明治政府での活躍に結びついたとする評価もあったが、実際にはそのあとに起きる戊辰戦争の戦費調達のために調査をしていたらしい。

その後、明治天皇とともに新政府の機能も江戸に移動する。この際、江藤は大木喬任とともに「東京奠都《てんと》の議」を提出しており、それが「奠都」のきっかけになったともいわれてきた。しかし、これも事実ではなく、当時は奠都・遷都論がいくつも提唱され、江藤は提唱者の一人にすぎなかったというのが真相だ。ちなみに奠都とは都を遷す遷都とは違い、もう一つ都を増やすことともいわれている。

明治二年（一八六九）、江藤はいったん佐賀にもどり、戊辰戦争の出費で財政赤字に苦しむ藩政の改革に取り組んだ。特産品の高価な伊万里焼《いまりやき》を、大量生産・流通させて市場開拓を図るという方針を立てたが賛同を得られず、あまり成果は上げられなかったようだ。

明治政府にもどった江藤は、参議や司法卿として司法制度の整備に尽力。版籍奉還、廃藩置県に関与し、明治日本の近代化・民主化を推し進めた。しかし、征韓論問題で西郷隆盛に賛同したため、江藤は明治政府を去り、さらに旧佐賀藩の不平士族に担ぎ上げられ、佐賀の乱の首領として非業の死を遂げる。

最近の研究では、江藤の本質は、幕末に国学の義祭同盟に参加したころから一貫して尊王攘夷だったと考えられている。近代化は受け入れるが、それは西洋に勝つための方便。江藤が目指したのは「君主独裁」国家で、議会制も司法の独立も、すべて西洋に勝つために必要な「先進的システム」だから受け入れたにすぎないのだという。

ところが、江藤は大久保の独裁に反発する人たちから評価され、さらに大日本帝国の海外進出という国家目標を背景に、征韓論を唱えてアジア進出の先駆けとなった英雄として評価された。戦後になると、近代日本の始まりにおいて、民主化を進めて司法制度改革を進め、民衆の側に立った政治家だったとして評価されるようになる。つまり、時々の政治的な思惑や都合によって、江藤は勝手に評価されてきたのだ。

江藤新平ほど、時代に利用された人物はいないだろう。

〈二十三〉大隈重信（1838～1922）「大政奉還」の発案者だった？

【旧説】佐賀藩出身者が維新政府樹立に果たした役割は不明

【新説】大隈は大政奉還策をリークし、維新後は外交交渉で活躍

大政奉還は大隈の発案？

明治維新を成し遂げた勢力は、「薩長土肥」と総称されるが、肥前すなわち佐賀藩は、他藩に比べると、いかにも存在感が薄い。幕末の佐賀藩は、藩主の鍋島閑叟《かんそう》（直正）が開明的で、藩政の改革や軍事の近代化を進めていた。しかし、大政奉還前後の大事な局面では、健康問題を抱える閑叟が兵を率いて上洛することができず、政局にはコミットできなかった。それでも、戊辰戦争では最新の兵器を駆使する佐賀藩兵の活躍により、佐賀藩の存在がクローズアップされた。

しかも大きな犠牲を払うこともなかったせいか、明治政府が船出すると、佐賀藩からは大隈重信《おおくましげのぶ》、副島種臣《そえじまたねおみ》、大木喬任《たかとう》、江藤新平といった面々が台頭し、一時は参議の半数以上を佐賀出身者が占めるという局面もあった。なかでも大隈重信の存在感は際立《きわだ》っている。大隈は明治期と大正期に二度、首相の座に就いているが、明治期に薩長や公家の出身者以外で首相となったのは、大隈ただひとりだったのだ。

なぜ、大隈は明治維新にさしたる貢献もせずに、その地位をつかんだのか。

砲術を家業とする上級藩士の子として生まれた大隈は、国学者の枝吉神陽が主宰する尊王攘夷グループ「義祭同盟」に参加する。ちなみに副島、大木、江藤は、この義祭同盟での大隈の先輩だった。彼らは藩主に働きかけ、佐賀藩が中心となり日本を改革することを目指した。このあたりは、薩長や土佐と似ているが、佐賀藩は実際の行動では完全に出遅れてしまう。

大隈重信（『大隈伯昔日譚』国立国会図書館蔵）

幕府への反発が強くなり、新たな政治体制が模索され始めた慶応三年（一八六七）五月、大隈は将軍徳川慶喜に大政奉還を勧め、徳川家を含む雄藩連合政権をつくるべきだと考え、その実現のために先輩の副島とともに脱藩。

慶喜の側近・原市之進《はらいちのしん》に面会するが、意見は受け入れられず、さらには通報を受けた佐賀藩当局に逮捕され、佐賀に送還されてしまった。

土佐の坂本龍馬が発案したとされる大政奉還策だが、実は龍馬のオリジナルではなく、すでに周知の政権構想だったのだ。実際に大政奉還の建白書を徳川慶喜に奏上したのは土佐藩の後藤象二郎で、龍馬の影響だといわれている。もし歴史の歯車が少し狂っていたら、大政奉還を成し遂げたのは大隈と副島だったかもしれない。

明治政府のトップに駆け上がる

明治維新後、大隈はかつて長崎で学んだ英語や、聖書を通じて学んだ西洋文明の知識を武器に、諸外国との間で起きたトラブルの収束に活躍。それが新政府首脳の目に留まり、政府の外交交渉役に大抜擢をされる。幕末以来、旧幕府や薩摩藩との交渉を経験してきたイギリス公使のハリー・パークスは、明治政府の強敵だった。大隈はパークスを論破することで逆に信頼を勝ち取った。

これを機に、倒幕や明治維新で特段の功績もなかった大隈は、瞬《また》く間に明治政府の枢要に駆け上がり、西郷、大久保、木戸の三人が明治十年（一八七七）前後に相次いで命を落とすと、大蔵卿と参議を兼任。伊藤博文とならび明治政府のトップに躍り出たのだ。

そのころ、大政奉還献策の栄誉を大隈から掠《かす》め取った後藤象二郎はどうしていたか。征韓論論争に敗れて明治政府を去った後藤は、商売に手を染めたり自由民権運動に参加したりと、迷走を繰り返していた。大隈は、大政奉還の「借り」をしっかりと返したのだ。

その後、大隈は憲法制定をめぐる論争を発端とする明治十四年の政変で伊藤との主導権争いに敗れて政府を追われるが、東京専門学校のちの早稲田大学を創立している。政界復帰後は二度にわたり政権を担当し、国民的な人気を博すことになる。

〈二十四〉岩倉具視（1825〜1883）維新の変革は「デモ」が始まり？

【旧説】策謀をめぐらせ、幕府と慶喜を追い詰める腹黒公家

【新説】幕府との対決姿勢を強めるデモを引き起こす熱血公家

権力者の知遇を得て攘夷の首謀者に

明治維新の原動力となったのは、薩長をはじめとする諸藩出身の志士だった。一方、そうした「下からの維新」が成功したのは、時代の変革を主導するエネルギーが、天皇の周辺たる朝廷にも存在感を持っていたからだ。こうした「上からの維新」の中心人物が、岩倉具視《いわくらともみ》だ。

岩倉は文政八年（一八二五）に公家の堀河家に生まれ、十二歳のときに岩倉家の養子となった。両家ともに下級公家で、とくに村上源氏の岩倉家は、江戸時代初期に独立した「新米」の公家だった。当然、太平の世が続くかぎり、岩倉が政治の表舞台に立つことなど想

像もできない。

しかし、嘉永六年（一八五三）のペリー来航によって、岩倉に突如として道が開けた。すでに二十七歳になっていた岩倉は、三十年にわたり朝廷のトップである関白の座にあった権力者・鷹司《たかつかさ》 政通《まさみち》の歌道の弟子となった。対外的な危機意識に目覚めた岩倉は、権力者の知遇を利用し、対外問題は幕府に任せきりにせず朝廷がイニシアティブをとって対処すべき、つまり攘夷を断行すべきだと主張するようになり、一躍、朝廷内で注目されるようになる。

明治維新は、まさにここから始まったのだ。

岩倉具視（『雋傑坂本龍馬』国立国会図書館蔵）

無謀なデモこそが明治維新の先駆け？

岩倉具視というと、薩摩の大久保利通や西郷隆盛、土佐の坂本龍馬ら志士たちに支えられながら、策謀によって幕府を追い込んでゆくイメージが強い。確かに、明治元年（一八六八）の王政復古クーデターや、徳川慶喜の運命を決めた小御所会議などは、岩倉の策略によってことが決した感がある。

しかし、岩倉が政治の世界に乗り出すのは、無謀ともいえるデモ行為がきっかけだった。安政《あんせい》五年（一八五八）、日米修好通商条約の締結をめぐり、幕府と朝廷が正面衝突をした。老中の堀田《ほった》正睦《まさよし》は、天皇の許し（勅許）を得るために上洛。勅許を下すか否《いな》かで騒然とするなか、鷹司政通から関白を引き継いだ九条《くじょう》尚忠《ひさただ》は、反対を押し切って幕府にすべてを任せることを決定した。

攘夷を掲げる岩倉は当然、反対するが、通常の方法では関白の決定を覆すことはできない。岩倉は、異人嫌いの孝明《こうめい》天皇や攘夷論に転じた前《さきの》関白・鷹司政通の支持を背景に、姉《あね》小路公知《がこうじきんとも》など中・下級公家八十八人を動員して御所に押し掛け、関白に直談判《じかだんぱん》を求めるという前代未聞のデモを実行。その結果、幕府への白紙委任状は撤回されることになった。

歴史的には「廷臣八十八卿列参事件」と呼ばれるこの事件は、まさに朝廷内における下剋上であった。その後、岩倉は公武合体運動に転じて、和宮《かずのみや》と将軍徳川家茂《いえもち》との婚姻を実現するが、幕府との対決姿勢を強めた朝廷内で居場所を失い、失脚。五年以上の蟄居《ちっきょ》生活の間に、大久保や龍馬と通じてフィクサー的な役割を担い、明治政府のナンバー2の地位に就くことになる。

廷臣八十八卿列参事件に改めて注目すると、興味深い事実がみえてくる。

ここで岩倉は、①対外政策の主張を明らかにして、下級公家であるにもかかわらず、②政治参加への道を開く――という二つの画期的な成果を上げている。実はこの①と②こそ、明治維新が成し遂げたこと、そのものだったのだ。攘夷を掲げて（実際には実行しなかったが）既存の政府＝幕府を否定し、多くの人が身分にかかわらず政治参加する、それが明治維新の本質だったとみるならば、その先駆けとなったのは、岩倉の仕掛けた「デモ」だったことになる。

岩倉は明治維新という変革を体現した、象徴的な存在だった。

〈二十五〉三条実美（1837～1891）　本当に「無能な首相」だったのか

【旧説】優柔不断で、プレッシャーに弱い「お飾りの宰相」

【新説】変転・反目する政府内で長く調整役を務めた有能な宰相

影が薄いのはなぜ？

明治維新は、いわゆる「維新の三傑」だけの力によって成し遂げられたのではない。起爆剤となったのは、公家たちの活動であった。その代表的な人物と言えるのが、くせ者として名高い岩倉具視と三条実美《さんじょうさねとみ》だ。

三条実美の生涯は、明治維新を境に大きく二つに分かれる印象がある。幕末においては過激な尊王攘夷を唱える急進的な青年公家。明治維新後は、政府のトップとはいえ、飾り物にすぎない無能・無力な政治家。

いずれにせよ、存在感という意味では、「維新の三傑」には遠く及ばず、岩倉と比べても、ひとことで言えば影が薄い。戦後、近年に至るまで本格的な伝記が一冊も書かれなかったこともあり、三条は「忘れられた宰相《さいしょう》」と言ってもいい。

しかし、本当に三条は無能な公家出身の政治家にすぎなかったのか。明治政府は、そのような人間をトップに担いでいたのか。

尊王攘夷派の象徴

三条実美（『雋傑坂本龍馬』国立国会図書館蔵）

三条の父実万《さねつむ》は、開国をめぐる幕府との交渉にあたり、安政の大獄で謹慎を命じられた尊王攘夷派であった。その影響を強く受けた三条も、早くから尊王攘夷を掲げて活動し、幕府に攘夷決行を求めるなど、朝廷の力を拡大することに力を注いできた。しかし、過激な尊攘派を朝廷から追い落とすため薩摩藩と会津藩が手を結んで実行した八月十八日の政変で京を追われ、同志の公家六人とともに長州を頼って都落ちした（七卿落ち）。

その後、薩摩と長州が手を結び、討幕への道を進むなど、中央政界ではさまざまな変動が起きたが、三条は長州から九州太宰府《だざいふ》へ身を移しながら、三年間も事実上の幽閉生活を送ることになる。三条が京に呼び戻されたのは、大政奉還によって幕府が消滅し、王政復古クーデターによって新政府が樹立された慶応三年（一八六七）十二月になってからだった。

つまり、幕府を倒すという明治維新最大の山場に、三条はいなかった。しかし、幕府の迫害を受けながらも尊王攘夷を一貫して掲げ続けた三条は、幕府と敵対する勢力にとって、自らの政治的立場の正しさを保証する象徴のような存在だった。南北朝時代、鎌倉幕府を倒したわけでもないのに功臣として重んじられた楠木《くすのき》正成《まさしげ》のようなものだ。だからこそ、新政府発足から明治二十四年（一八九一）に亡くなるまで、三条は常に政府の首班であり続けたのだろう。

三条の評判を下げた最大の原因は、征韓論政変だ。韓国への使節派遣を強硬に唱える西郷隆盛らと、国内の統治を優先すべきとして反対する大久保利通らとの板挟みになった太《だ》政《じょう》大臣の三条は、極度のプレッシャーから卒倒してしまう。その結果、明治天皇の聖断という岩倉らの策謀によって征韓論は否決され、西郷らは政府を去り、やがて佐賀の乱や西南戦争へとつながったのだ。肝心な時に役割を果たせなかった三条は、無能なうえに柔《にゅう》弱《じゃく》というイメージが定着してしまった。

しかし実際には、三条は一貫して西郷らの使節派遣に同調していたにもかかわらず、幕末に亡命生活を送っていた時代からの持病（おそらく心臓疾患）の発作によって責任を果たせなかったにすぎないようだ。それはもはや「不運」としか言いようがない。

江戸無血開城後の約二年間、発足したばかりの明治政府はさまざまな試行錯誤を繰り返し、政府の陣容も役職も猫の目のように変転した。トップの座にあった三条は常にその責任と向き合い、反目し合う薩長の調整役をもこなした。無能な政治家にできることではない。

おわりに

幕末維新期に限らず、歴史に名を遺した人々たちのなかには、実態以上に持ち上げられた人もいれば、いわれのない汚名を着せられた人もいる。しかし、新たな史料の発見や研究の進展で明らかになってきた事実もある。本書は、その一端をご紹介したにすぎないが、日々歴史研究にいそしむ碩学《せきがく》たちの研究成果に触れるきっかけとなれば、これ以上の喜びはない。もっと詳しくお知りになりたい方は、ぜひ参考文献にあたっていただきたい。監修をお引き受けいただいた町田明広先生に深く感謝申し上げます。

なお、本書はりそな総合研究所が毎月発行する『りそなーれ』に連載中のコラム「幕末維新150（～153）年目の弁明」の四十三回分を加筆修正したもの。同研究所およびフリープレスの稲村典義さんにも御礼申し上げます。

安田清人

参考文献

相田泰三『松平容保公伝』（会津郷土資料研究所）／青山忠正『高杉晋作と奇兵隊〈幕末維新の個性7〉』（吉川弘文館）『日本近世の歴史6　明治維新』（吉川弘文館）『明治維新を読みなおす』（清文堂出版）／伊井直行『岩崎彌太郎「会社」の創造』（講談社現代新書）／家近良樹『孝明天皇と「一会桑」幕末・維新の新視点』（文春新書）『徳川慶喜〈幕末維新の個性1〉』（吉川弘文館）『徳川慶喜』（吉川弘文館〈人物叢書〉）『西郷隆盛　人を相手にせず、天を相手にせよ』（ミネルヴァ書房）『西郷隆盛　維新150年目の真実』（NHK出版新書）『酔鯨　山内容堂の軌跡　土佐から見た幕末史』（講談社現代新書）／池田勇太『福沢諭吉と大隈重信』（山川出版社〈日本史リブレット人076〉）／一坂太郎『高杉晋作』（文春新書）『長州奇兵隊』（中公新書）／伊藤之雄『伊藤博文　近代日本を創った男』（講談社）『大隈重信（上下）』（中公新書）『元老―近代日本の真の指導者たち』（中公新書）／稲川明雄『河井継之助　立身は孝の終りと申し候』（恒文社）『長岡藩〈シリーズ藩物語〉』（現代書館）／犬塚孝明『密航留学生たちの明治維新　井上馨と幕末藩士』（NHKブックス）／井上潤『渋沢栄一』（山川出版社〈日本史リブレット人085〉）／岩下哲典編『徳川慶喜　その人と時代』（岩田書院）『江戸無血開城　本当の功労者は誰か?』（吉川弘文館）／大石　学『新選組「最後の武士」の実像』（中公新書）『一九世紀の政権交代と社会変動　社会・外交・国家』（東京堂出版）『新選組情報館』（教育出版）／大口勇次郎『勝小吉と勝海舟』（山川出版社〈日本史リブレット人066〉）／大庭裕介『江藤新平　尊王攘夷でめざした近代国家の樹立』（戎光祥選書ソレイユ）／岡村　青『水戸藩〈シリーズ藩物語〉』（現代書館）／刑部芳則『三条実美　孤独の宰相とその一族』（吉川弘文館）／落合弘樹『西郷隆盛と士族〈幕末維新の個性4〉』（吉川弘文館）／笠原英彦『明治留守政府』（慶應義塾大学出版会）『大久保利通〈幕末維新の個性3〉』（吉川弘文館）／勝田政治『「政事家」大久保

利通　近代日本の設計者』（講談社選書メチエ）／門松秀樹『明治維新と幕臣「ノンキャリアの底力」』（中公新書）／川副義教『佐賀藩〈シリーズ藩物語〉』（現代書館）／桐野作人『龍馬暗殺』（吉川弘文館）『薩摩の密偵　桐野利秋「人斬り半次郎」の真実』（NHK出版新書）／久住真也『幕末の将軍』（講談社選書メチエ）／工藤　威『奥羽列藩同盟の基礎的研究』（岩田書院）／公益財団法人渋沢栄一記念財団編『渋沢栄一を知る事典』（東京堂出版）／高村直助『小松帯刀』（吉川弘文館〈人物叢書〉）／古賀志郎『大鳥圭介　土方歳三との出会と別れ』（彩流社）／坂本一登『岩倉具視　幕末維新期の調停者』（山川出版社〈日本史リブレット人０７４〉）／佐々木克『岩倉具視〈幕末維新の個性5〉』（吉川弘文館）『大久保利通　明治維新と志の政治家』（山川出版社〈日本史リブレット人０７２〉）『幕末史』（ちくま新書）／齊藤紅葉『木戸孝允と幕末・維新　急進的集権化と「開化」の時代　１８３３～１８７７』（京都大学学術出版会）／笹部昌利編『幕末維新人物新論　時代をよみとく16のまなざし』（昭和堂）／渋沢研究会編『はじめての渋沢栄一　探求の道しるべ』（ミネルヴァ書房）／杉谷　昭『鍋島閑叟　蘭癖・佐賀藩主の幕末』（中公新書）／高木不二『横井小楠と松平春嶽〈幕末維新の個性2〉』（吉川弘文館）／高橋秀直『幕末維新の政治と天皇』（吉川弘文館）／瀧井一博『伊藤博文　知の政治家』（中公新書）／宅間一之『土佐藩〈シリーズ藩物語〉』（現代書館）／武田晴人『財閥の時代　日本型企業の源流をさぐる』（新曜社）／田付茉莉子『五代友厚　富国強兵は「地球上の道理」』（ミネルヴァ書房）／知野文哉『「坂本龍馬」の誕生　船中八策と坂崎紫瀾』（人文書院）／筒井清忠編『明治史講義【人物篇】』（ちくま新書）／徳永和喜『天璋院篤姫』（新人物往来社）／内藤一成『三条実美　維新政権の「有徳の為政者」』（中公新書）／永井　博『徳川斉昭　不確実な時代に生きて』（山川出版社）／中村武生『池田屋事件の研究』（講談社現代新書）「天誅組再考　明治維新政治史研究における（『軍事史学』２１７）／中元崇智『板垣退助　自由民権指導者の実像』（中公新書）／奈倉哲三編『戊辰戦争の新視点　上下』（吉川弘文館）／成田誠一『評伝岩崎彌太郎　日本の経営史上、最もエネルギッシュだった男

（毎日ワンズ）／野口信一『会津藩〈シリーズ藩物語〉』（現代書館）／野口武彦『幕府歩兵隊　幕末を駆けぬけた兵士集団』（中公新書）『江戸は燃えているか』（文藝春秋）／畑　尚子『幕末の大奥　天璋院と薩摩藩』（岩波新書）／坂野潤治『日本近代史』（ちくま新書）『西郷隆盛と明治維新』（講談社現代新書）／彦根城博物館『井伊直弼のこころ　百五十年目の真実』／日野市立新選組のふるさと歴史館『新選組誕生と清河八郎　新選組誕生一五〇年記念巡回特別展』（日野市）／舟久保藍『実録　天誅組の変』（淡交社）／舟澤茂樹『福井藩〈シリーズ藩物語〉』（現代書館）／保谷　徹『戊辰戦争〈戦争の日本史18〉』（吉川弘文館）／松浦　玲『新選組』（岩波新書）／町田明広『島津久光＝幕末政治の焦点』（講談社選書メチエ）『攘夷の幕末史』（講談社現代新書）『幕末文久期の国家政略と薩摩藩　島津久光と皇政回復』（岩田書院）『グローバル幕末史　幕末日本人は世界をどう見ていたか』（草思社）『歴史再発見　西郷隆盛　その伝説と実像』（NHK出版）『薩長同盟論　幕末史の再構築』（人文書院）『新説　坂本龍馬』（集英社インターナショナル新書）／松尾正人『木戸孝允〈幕末維新の個性8〉』（吉川弘文館）／松岡　司『武市半平太伝　月と影と』（新人物往来社）『中岡慎太郎伝　大輪の回天』（新人物往来社）／松本健一『佐久間象山　上下』（中公文庫）／真辺将之『大隈重信―民意と統治の相克』（中公叢書）／水谷憲二『「朝敵」から見た戊辰戦争　桑名藩・会津藩の選択』（洋泉社・歴史新書y）／三宅紹宣『幕末・維新期長州藩の政治構造』（校倉書房）『幕長戦争』（吉川弘文館）／宮地正人『歴史のなかの新選組』（岩波書店）『土方歳三と榎本武揚』（山川出版社〈日本史リブレット人068〉）／宮本又次『五代友厚伝』（有斐閣）／宮本又郎『商都大阪をつくった男　五代友厚』（NHK出版）／村上泰賢『小栗上野介』（平凡社新書）／村瀬信一『首相になれなかった男たち　井上馨・床次竹二郎・河野一郎』（吉川弘文館）／毛利敏彦『幕末維新と佐賀藩　日本西洋化の原点』（中公新書）／母利美和『井伊直弼〈幕末維新の個性6〉』（吉川弘文館）／横山伊徳『幕末維新と外交』（吉川弘文館）／吉岡　孝『明治維新に不都合な「新選組」の真実』（ベスト新書）

MdN新書
031

「旧説《きゅうせつ》vs.新説《しんせつ》」幕末《ばくまつ》維《い》新43人《しんよんじゅうさんにん》

2021年12月11日　初版第1刷発行

執　筆	**安田清人《やすだきよひと》**
監　修	町田明広
発行人	山口康夫
発　行	株式会社エムディエヌコーポレーション 〒101-0051　東京都千代田区神田神保町一丁目105番地 https://books.MdN.co.jp/
発　売	株式会社インプレス 〒101-0051　東京都千代田区神田神保町一丁目105番地
装丁者	前橋隆道
帯画像	福井市立郷土歴史博物館（勝海舟）／国立国会図書館
DTP	アルファヴィル
印刷・製本	中央精版印刷株式会社

カスタマーセンター
万一、落丁・乱丁などがございましたら、送料小社負担にてお取り替えいたします。
お手数ですが、カスタマーセンターまでご返送ください。

落丁・乱丁本などのご返送先
〒101-0051　東京都千代田区神田神保町一丁目105番地
株式会社エムディエヌコーポレーション　カスタマーセンター　TEL：03-4334-2915

書店・販売店のご注文受付
株式会社インプレス　受注センター　TEL：048-449-8040／FAX：048-449-8041

内容に関するお問い合わせ先
株式会社エムディエヌコーポレーション　カスタマーセンターメール窓口 info@MdN.co.jp
本書の内容に関するご質問は、Eメールのみの受付となります。メールの件名は
「「旧説vs.新説」幕末維新43人 質問係」としてください。電話やFAX、郵便でのご質問にはお答えできません。

Senior Editor 木村健一　Editor 松森敦史

ISBN978-4-295-20242-4　C0221